養育費，婚姻費用の算定に関する実証的研究

平成30年度司法研究

研　究　員

東 京 家 庭 裁 判 所 判 事　　水 野 有 子

同　　　　　　　　　　　　　村 松 多香子

同　　　　　　　　　　　　　綿 引 朋 子

徳 島 地 方 家 庭 裁 判 所 判 事　　園 部 伸 之

（委嘱時　大阪家庭裁判所判事）

ま え が き

　この資料は，司法研究報告書第70輯第2号として，司法研修所から刊行されたものです。

　実務に携わる各位の好個の参考資料と思われるので，当局のお許しを得て頒布することといたしました。

令和元年１２月

　　　　　　　　　　　　　　　　　一般財団法人　法　　曹　　会

はしがき

　平成 15 年，養育費及び婚姻費用の算定について，東京及び大阪の高等裁判所，地方裁判所及び家庭裁判所に所属する裁判官を研究員とし，東京家庭裁判所及び大阪家庭裁判所の家庭裁判所調査官をオブザーバーとした三代川俊一郎ほか「簡易迅速な養育費等の算定を目指して－養育費・婚姻費用の算定方式と算定表の提案」(判例タイムズ 1111 号 285 頁，1114 号 3 頁)が発表された（この提案による算定方式及び算定表を併せて「標準算定方式・算定表」といい，算定方式又は算定表のみを指すときは「標準算定方式」又は「標準算定表」という。）。この提案は，簡易迅速に，合理的な養育費及び婚姻費用を算定するもので，当事者等への予測可能性が高く，公平にも適うものであったため，瞬く間に家裁実務等に広まり，完全に定着している。もっとも，その提案がされてから 15 年余りが経過したこともあり，時の経過や社会実態の変化等を理由として，その内容に改良する点がないかを検討する必要が生じている。

　そこで，司法研究員らは，本報告書において，検討の上，改良した算定方式・算定表である「改定標準算定方式・算定表（令和元年版）」(以下，単に「改定標準算定方式・算定表」といい，算定方式又は算定表のみを指すときは「改定標準算定方式」又は「改定標準算定表」という。）を提案することとし，併せて，民法の定める成年年齢を 20 歳から 18 歳に引き下げることなどを内容とする「民法の一部を改正する法律（平成 30 年法律第 59 号）」(以下「改正法」という。）の成立・施行の影響を検討することとした。

　これらの検討の前提となった実務の運用については，司法研究員らの実務経験に基づくもののほか，東京家庭裁判所及び大阪家庭裁判所における家事事件及び人事訴訟事件担当裁判官及び職員からの実情聴取の結果を参考にした。

　本研究を完成するに当たって，多大な御援助，御助言を下さった司法研修所第一部教官室，最高裁判所事務総局家庭局，東京高等裁判所及び大阪高等裁判所家事抗告担当部所属の裁判官，様々な機会に御助言を下さった高等裁判所所在地の各家庭裁判所，取扱事件数の多い横浜家庭裁判所，千葉家庭裁判所，さいたま家庭裁判所，京都家庭裁判所及び神戸家庭裁判所所属の裁判官並びに実情聴取に御協力下さった東京家庭裁判所及び大阪家庭裁判所所属の裁判官及び職員の方々に心からの感謝を申し上げたい。ま

た，本研究は，関係省庁が公表する諸統計等の情報のほか，総務省から提供を受けた家計調査に係る調査票情報に基づくものである。情報の収集等に当たり御協力いただいた法務省，総務省及び厚生労働省の関係者の方々にお礼を申し上げたい。

令和元年 10 月

目　　次

平成 30 年度司法研究概要 ……………………………………………………………… 1

第 1　はじめに ………………………………………………………………………… 3

1　養育費，婚姻費用の算定の実務の現状 ………………………………………… 3

2　標準算定方式・算定表の検証の必要性 ………………………………………… 7

第 2　標準算定方式・算定表についての具体的な検証 ……………………… 9

1　算定方法の基本的な枠組み …………………………………………………… 9

⑴　はじめに ……………………………………………………………………… 9

⑵　標準算定方式・算定表における養育費等の算定方法の基本的な枠組み

………………………………………………………………………………… 10

ア　養育費等の意義 ………………………………………………………… 10

イ　標準算定方式・算定表の提案以前の家裁実務における養育費等の算

定方法 ………………………………………………………………… 10

ウ　標準算定方式・算定表における養育費等の算定方法及びその評価 …… 13

エ　本研究における養育費等の算定方法及び具体的な検証課題 …………… 15

2　基礎収入 ………………………………………………………………………… 16

⑴　給与所得者 …………………………………………………………………… 16

ア　標準算定方式・算定表における基礎収入の認定 ……………………… 16

イ　公租公課 ………………………………………………………………… 17

ウ　職業費 …………………………………………………………………… 22

エ　特別経費 ………………………………………………………………… 29

オ　本研究における基礎収入割合 ………………………………………… 31

⑵　自営業者 ……………………………………………………………………… 32

ア　はじめに（総収入の認定） …………………………………………… 32

イ　標準算定方式・算定表における基礎収入の認定 ……………………… 32

ウ　本研究における基礎収入の認定 ……………………………………… 34

3　生活費指数 ……………………………………………………………………… 35

⑴　標準算定方式・算定表における生活費指数の算出の基本的な枠組み ····· 35

⑵　子の年齢区分の定め方 ·· 36

　ア　標準算定方式・算定表における扱い ······························· 36

　イ　本研究における基本的な考え方及び結論 ························· 37

⑶　生活保護基準の用い方の詳細 ··· 39

　ア　標準算定方式・算定表における扱い ······························· 39

　イ　本研究における基本的な考え方 ································· 40

⑷　本研究における結論 ·· 42

　ア　最低生活費 ··· 42

　イ　学校教育費 ··· 43

　ウ　算出結果 ··· 45

第3　義務者が低所得の場合 ··· 48

　1　標準算定方式・算定表における扱い ································· 48

　2　本研究における結論 ··· 48

第4　改定標準算定方式に基づく改定標準算定表の提案 ····················· 50

第5　成年年齢引下げと養育費の支払義務の終期等 ························· 51

　1　問題の所在 ··· 51

　2　改正法と養育費等との関係 ··· 52

　⑴　成年年齢引下げの理由と審議の状況 ································· 52

　⑵　近年の進学率の状況 ··· 53

　⑶　改正法と養育費との関係についての検討 ····························· 54

　3　各論点に対する検討及び結論 ··· 55

　⑴　既に養育費の支払義務の終期として「成年」に達する日（又はその日
　　の属する月）までなどと定められた協議書，家事調停調書及び和解調書
　　等における「成年」の意義（①）································· 56

　⑵　当事者間の協議，家事調停，和解，家事審判及び離婚判決において，
　　既に20歳に達する日（又はその日の属する月）までなどと定められた
　　養育費の終期が，改正法の成立又は施行によって，養育費審判における
　　変更事由に該当するとして，変更されるべきか（②）····························· 56

⑶　改正法の成立又は施行後，養育費の支払義務の終期をどのように判断

　　すべきか（③）……………………………………………………………… 57

　　ア　監護親の成年年齢に達した未成熟子の養育費等の支払請求の可否 ……… 57

　　イ　改正法の成立又は施行後における養育費の支払義務の終期 …………… 60

⑷　婚姻費用についての影響（④）………………………………………………… 62

第6　結びにかえて ……………………………………………………………………… 63

別紙　改定標準算定表（令和元年版）

（表1）養育費・子1人表（子0～14歳）

（表2）養育費・子1人表（子15歳以上）

（表3）養育費・子2人表（第1子及び第2子0～14歳）

（表4）養育費・子2人表（第1子15歳以上，第2子0～14歳）

（表5）養育費・子2人表（第1子及び第2子15歳以上）

（表6）養育費・子3人表（第1子，第2子及び第3子0～14歳）

（表7）養育費・子3人表（第1子15歳以上，第2子及び第3子0～14歳）

（表8）養育費・子3人表（第1子及び第2子15歳以上，第3子0～14歳）

（表9）養育費・子3人表（第1子，第2子及び第3子15歳以上）

（表10）婚姻費用・夫婦のみの表

（表11）婚姻費用・子1人表（子0～14歳）

（表12）婚姻費用・子1人表（子15歳以上）

（表13）婚姻費用・子2人表（第1子及び第2子0～14歳）

（表14）婚姻費用・子2人表（第1子15歳以上，第2子0～14歳）

（表15）婚姻費用・子2人表（第1子及び第2子15歳以上）

（表16）婚姻費用・子3人表（第1子，第2子及び第3子0～14歳）

（表17）婚姻費用・子3人表（第1子15歳以上，第2子及び第3子0～14歳）

（表18）婚姻費用・子3人表（第1子及び第2子15歳以上，第3子0～14歳）

（表19）婚姻費用・子3人表（第1子，第2子及び第3子15歳以上）

凡　　例

【判例集・雑誌等】

家庭裁判月報	家月
判例時報	判時
判例タイムズ	判タ

【参考文献】

（著者名の50音順）

1　書籍等

秋武憲一＝岡健太郎編著『リーガル・プログレッシブ・シリーズ離婚調停・離婚訴訟【改訂版】』（青林書院，2013年）

リーガルプログレッシブ

梶村太市ほか『家族法実務講義』（有斐閣，2013年）

家族法実務講義

笹井朋昭＝木村太郎編著『一問一答　成年年齢引下げ』（商事法務，2019年）　　**一問一答・成年年齢引下げ**

中山直子『判例先例親族法－扶養－』（日本加除出版，2012年）

中山・判例先例親族法

日本弁護士連合会・両性の平等に関する委員会編『養育費・婚姻費用の新算定表マニュアル』（日本加除出版，2017年）

日弁連委員会書籍

松本哲泓『婚姻費用・養育費の算定－裁判官の視点にみる算定の実務』（新日本法規，2018年）　　**松本・婚姻費用・養育費の算定**

2　コンメンタール

青山道夫＝有地亨編『新版注釈民法(21)親族(1)』（有斐閣，1989年）

注釈民法(21)

島津一郎＝阿部徹編『新版注釈民法(22)親族(2)』（有斐閣，2008年）

注釈民法(22)

3　論文等

岡健太郎「婚姻費用の算定と執行」野田愛子＝梶村太市編『新家族法実務大系①』（新日本法規，2008年）275頁　　**岡・実務大系①**

岡健太郎「養育費の算定と執行」野田愛子＝梶村太市編『新家族法実務大系②』（新日本法規，2008年）304頁　　**岡・実務大系②**

岡健太郎「養育費・婚姻費用算定表の運用上の諸問題」判タ 1209 号
4 頁　　　　　　　　　　　　　　　　　　　　　　　　　　**岡・判タ**

日本弁護士連合会「「養育費・婚姻費用の簡易算定方式・簡易算定表」
に対する意見書」（2012 年 3 月 15 日付け）　　　　　　**日弁連意見書**

日本弁護士連合会「養育費・婚姻費用の新しい簡易な算定方式・算定
表に関する提言」（2016 年 11 月 15 日付け）　　　　　　**日弁連提言**

松谷佳樹「婚姻費用・養育費の調停・審判事件の実務」東京家事事件
研究会編『家事事件・人事訴訟事件の実務〜家事事件手続法の趣旨を
踏まえて〜』（法曹会，2015 年）73 頁
　　　　　　　　　松谷・家事事件・人事訴訟事件の実務

三代川俊一郎ほか「簡易迅速な養育費等の算定を目指して−養育費・
婚姻費用の算定方式と算定表の提案」判タ 1111 号 285 頁 [1]
　　　　三代川ほか・養育費・婚姻費用の算定方式と算定表の提案

---

[1]　なお，判タ 1114 号 3 頁において，同 1111 号 291 頁〈三段階の計算式〉中「総
収入 × 0.35 〜 0.43」とあるのは，「総収入 × 0.34 〜 0.42」の誤り，「総収
入 × 0.49 〜 0.54」とあるのは，「総収入 × 0.47 〜 0.52」の誤りである旨訂
正されており，以下，同訂正を含め，「三代川ほか・養育費・婚姻費用の算定方
式と算定表の提案」と引用することとする。

平成 30 年度

1　司法研究の目的

⑴　標準算定方式・算定表の提案から15年余りが経過していることを踏まえ，これを，より一層社会実態を反映したものとすることに加え，算定方法に改良すべき点がないか検証・対応する。

⑵　改正法による成年年齢引下げによる影響（養育費の終期の関係等）について検討する。

2　算定方法の基本的な枠組み

算定方法の基本的な枠組みは，標準算定方式・算定表と同様，収入按分型（生活保護基準方式）とする。

3　統計資料の更新

統計資料・制度等については，最新のものに更新する。

4　基礎収入

⑴　公租公課は，標準算定方式・算定表と同様，理論値で算出する（その結果，総収入に占める公租公課の割合は，おおむね 8 〜 35％となる。）。

⑵　職業費は，標準算定方式・算定表と同様の 7 項目を控除の対象とし，「被服及び履物」，「通信」及び「書籍・他の印刷物」のみ世帯人員で除し，有業人員で乗じた金額を職業費として計上し，その他の費目についてはその全額を職業費として計上する（その結果，総収入に占める職業費の割合は，おおむね18 〜 13％となる。）。

⑶　特別経費は，標準算定方式・算定表と同様，住居関係費，保健医療及び保険掛金を特別経費として総収入から控除する（その結果，総収入に占める特別経費の割合は，おおむね20 〜 14％となる。）。

⑷　前記⑴〜⑶の結果，給与所得者の総収入に占める基礎収入割合は，おおむね 54 〜 38％となる。

⑸　自営業者の基礎収入は，標準算定方式・算定表と同様，基礎収入が同一となる給与所得者の総収入と自営業者の総収入の対応関係を求め，自営業者の総収入に対する所得税及び住民税の割合，特別経費の割合並びに基礎収入割合を求めることにより算出する（その結果，総収入に占める基礎収入割合は，おおむね61〜 48％となる。）。

司法研究概要

5 生活費指数

⑴ 子の年齢区分は，標準算定方式・算定表と同様，2区分とし，区分期間は，0～14歳，15歳以上とする。

⑵ 生活費指数算出に当たって用いる公立高等学校の学校教育費の統計は，高校無償化の影響を受けている平成25年度を除く，直近の4年分の統計を用いる。

⑶ 生活費指数の算出方法は，標準算定方式・算定表と同様とし，世帯区分は考慮しないこととする（その結果，生活費指数は，0～14歳が62，15歳以上が85となる。）。

6 義務者が低所得の場合

義務者の経済水準が低い場合については，標準算定方式・算定表と同様，算定表の枠内で個別具体的な事案に応じて検討する。

7 成年年齢引下げによる影響（養育費の支払義務の終期等）

⑴ 改正法の成立又は施行前に養育費の終期として「成年」に達する日までなどと定められた協議書，家事調停調書及び和解調書等における「成年」の意義は，基本的に20歳と解するのが相当である。

⑵ 改正法の成立又は施行自体は，当事者間の協議，家事調停，和解，家事審判及び離婚判決において，既に合意や裁判により満20歳に達する日までなどと定められた養育費の支払義務の終期を18歳に変更すべき事由にはならない。

⑶ 養育費の支払義務の終期は未成熟子を脱する時期であって，個別の事案に応じて認定判断される。未成熟子を脱する時期が特定して認定されない事案については，未成熟子を脱するのは20歳となる時点とされ，その時点が養育費の支払義務の終期と判断されることになると考える。

⑷ 婚姻費用についても，子が18歳に達したことが直ちに婚姻費用の減額事由に該当するとはいえない。

8 事情変更について

⑴ 本研究の発表は，養育費等の額を変更すべき事情変更には該当しない。

⑵ 客観的事情の変更があるなど，既に定めた養育費等を変更すべき場合の養育費等の算定に当たっては，本研究の提案した改定標準算定方式・算定表を用いることが期待される。

本　文

第1　はじめに

1　養育費，婚姻費用の算定の実務の現状

　平成 15 年，東京・大阪の裁判官等により，標準算定方式・算定表が提案され，その後，最高裁判所第三小法廷平成 18 年 4 月 26 日決定（家月 58 巻 9 号 31 頁）において，標準算定方式を用いて算定された婚姻費用の分担額について，その結果が是認されて以降，家庭裁判所の人事訴訟，家事審判及び家事調停における養育費や婚姻費用（以下「養育費等」という。）の算定の実務においては，この提案による標準算定方式・算定表を用いた算定が定着している[2]。

　標準算定方式・算定表の提案以前の家裁実務においては，標準算定方式・算定表と同様に，養育費等支払義務は「生活保持義務」として履行されるべきとの考え方から，例えば，養育費については，子が義務者と同居していると仮定すれば，子のために費消されていたはずの生活費がいくらであるのかを計算して算定する見解が主流であった。具体的には，①総収入から，認定した公租公課等の経費的なものを控除して，義務者及び権利者の基礎収入を認定し，②義務者，権利者及び子それぞれの最低生活費[3]を認定し，③子に充てられるべき生活費を認定した上で，④義務者及び権利者の分担能力を認定して，⑤子の生活費を義務者及び権利者双方の基礎収入の割合で按分して，義務者が負担すべき金額が算定されていた[4]。婚姻費用についても①，②のとおり認定し，⑥権利者世

---

[2]　例えば，松谷・家事事件・人事訴訟事件の実務 76 頁
[3]　なお，ここでいう最低生活費は，厚生労働省が告示する生活保護基準を用い認定されていたが，生活保護制度における「最低生活費」とは厳密には一致せず，平均的な家庭において日常生活に必要とされる生活費の最低額といったような趣旨である。その具体的内容については，後記第 2 の 3 ⑶（本報告書 39 頁）において説明する。また，本報告書では，生活保護制度における「最低生活費」を指すときは，「生活保護制度上の最低生活費」と特定の上記載し，単に最低生活費と記載したときは，平均的な家庭において日常生活に必要とされる生活費の最低額としてのものを指すこととする。
[4]　後記第 2 の 1 （本報告書 9 頁）において詳述する。

帯に充てられるべき生活費を認定した上で，⑦権利者世帯の基礎収入の不足分を義務者世帯に負担させるものであった。

この算定方法の基本的な枠組み自体は，合理的で妥当なものとして理解されていたが，基礎収入を算出する際に総収入から控除されるべき公租公課，特別経費の実額認定，特別経費の範囲等をめぐって当事者間の対立が先鋭化し，主張立証が繰り返されて審理の長期化を招くとの問題点が指摘されていた。また，算定の具体的な方法が専門的な知識を前提とした複雑なものであったため，家庭裁判所調査官の経済調査の対象とされ，一般人のみならず，一般的な法律家においても容易には適用できず，当事者にとっては，算定される養育費等の額の予測が困難であった。さらに，個別事件ごとの具体的な事例判断となっていたため，養育費等が問題となる事件について，全体として一貫した公平な判断がされているかについても疑問が生じ得た。

しかし，養育費等は，もともと義務者によって扶養されるべき未成熟子や配偶者の日々の生活に不可欠な費用であって，未成熟子や要扶養状態にある配偶者の保護の観点からすると，必要な費用が簡易迅速に算定され，その支払が早期に確保されることが必要である。また，養育費等は，関係当事者が裁判外で自主的に取り決めをすることも多いものであるから，予測可能性が確保される必要があるし，養育費等事件全体として一貫した公平な判断がされる必要もある。さらに，人事訴訟の家庭裁判所への移管に伴い，家事審判と人事訴訟において統一的で合理的な養育費等の算定の要請が高まった。

そこで，東京・大阪の裁判官を研究員とし，家庭裁判所調査官をオブザーバーとする東京・大阪養育費等研究会は，従前の実務におけるそれらの算定方法の基本的な枠組みを踏襲した上で，事案を類型化，抽象化し，収入以外について従前は実額又は個別事件ごとの推計額で算定していたものについて，理論的に，又は，統計資料等に基づいて算出された

標準的な割合・指数[5]を用いることによって，簡易迅速性，予測可能性及び公平性を確保する算定方法として，この標準算定方式・算定表を提案した。この標準算定方式・算定表は，権利者及び義務者の収入並びに同人ら及び子の生活実態等をある程度抽象化して合理的に反映しつつ，簡易迅速性，予測可能性及び公平性を確保するものであったため，実務上高く評価され，法律雑誌，公的機関等のみならず，新聞や一般向けの雑誌等においても幅広く紹介され，法律実務家のみならず，当事者や国民等にも幅広く受け入れられている[6]。

　実際にも，この標準算定方式・算定表の提案及び普及によって，別居や離婚をした一般の夫婦や父母においても，双方の収入さえ分かれば，原則的な養育費等を算定することが可能となったので，当事者間での自主的な取り決めが容易になり，裁判所によって養育費等の額が決められる場合も含めると，以前と比べ，養育費等が定められる場合が増加している[7]。また，離婚調停においても，両当事者が主体的，合理的に養育費等の合意をすることが容易となっている。その証左として，標準算定方式・算定表が提案された後，養育費等に関する事件の申立ての総数が大きく増加しながらも，養育費等に関する事件とそれらと近似的と考えられる未成年者の扶養料請求を加えた調停における成立率が高まり，審理

---

[5]　後記第2の1（本報告書9頁），2（同16頁）において詳述するが，公租公課については，税法等で理論的に算出された標準的な割合を採用し，職業費及び特別経費については，統計資料に基づいて推計された標準的な割合を採用している。また，生活費指数は，生活保護基準及び教育費に関する統計を用いて算出される「標準的な生活費指数」によっている。

[6]　標準算定方式・算定表は，平成15年以降現在まで，例えば，全国紙等多くの新聞において，定着をしたものとして，取り上げられている。また，厚生労働省は，ひとり親家庭の養育費確保に関する取り組みとして，平成16年3月，養育費の相場を知るための標準算定方式・算定表による養育費算定表等を記載した「養育費の手引き」を作成し，各自治体に配布した。

[7]　厚生労働省「全国ひとり親世帯等調査」（旧全国母子世帯等調査）によると，母子世帯の母の養育費の取り決め状況等における養育費の取り決めをしている割合は算定表が発表された頃である平成15年においては34％であったものが，平成28年において42.9％と上昇している。

期間も大きな伸びは認められていない[8]。

　このように，標準算定方式・算定表によって，家事審判にまで至らない段階で家事調停において統一的な公平に適う解決が促進されている。

---

[8] 　調停及び審判を併せた新受総数が平成14年で2万3395件（婚姻費用審判1046件，婚姻費用調停6304件，養育費審判1327件，養育費調停1万4718件），平成30年で4万5415件（婚姻費用審判3138件，婚姻費用調停2万1666件，養育費審判2780件，養育費調停1万7831件）でおおむね倍増している。平成14年の調停成立率は全体で57.9％（婚姻費用42.1％，養育費（未成年者の扶養料請求事件も含む。）64.2％）であり，平成30年の成立率は全体で62.2％（婚姻費用60.2％，養育費（未成年者の扶養料請求事件も含む。）64.6％）であって，4％以上上昇している。平均審理期間（調停・審判の手続きを通じ事件を受理した日から調停成立や審判がされるなどの事由により事件が終局した日まで）は，婚姻費用分担事件が，平成14年には5.6月であったものが，平成22年には4.8月と短縮し，その後，平成30年には5.9月と戻している。養育費（未成年者の扶養料請求権も含む。）請求事件については，平成14年に4.2月であったものが，徐々にやや長期化し，平成30年には5.1月となっている。このように婚姻費用について標準算定方式・算定表の前後で短縮化していることは，標準算定方式・算定表の成果であると考えられる。他方で，全体的に平成30年の時点でやや長期化しているのは，面会交流等他の子をめぐる紛争と同様に，養育費等についても紛争性が増し，その審理に時間を要している上，同時に手続が進められている面会交流等で対立が先鋭化することが増え，審理が長期化する傾向にあることなど，子をめぐる社会情勢の変化の影響も大きいと考えられる（なお，養育費等を除く子の監護に関する処分事件の平均審理期間は，平成14年に5.6月であったのが，平成30年には8.5月となっている。）。

2 標準算定方式・算定表の検証の必要性

このような標準算定方式・算定表を用いた算定の基本的な意義は，現時点においても減じることはない。もっとも，標準算定方式・算定表の提案から15年余りが経過している現時点では，標準算定方式・算定表において，公租公課，職業費，特別経費の割合及び子等の生活費指数について，前記1（注5）で指摘した標準的な割合・指数によっていることから，税制等の法改正，社会情勢の変化及び生活保護基準の改定等を受けて，現在の家庭の収入や支出の実態等を踏まえた実証的な研究を行い，より一層社会実態を反映したものとするため，必要な検証をし，対応をとることが望ましい。

また，標準算定方式・算定表の算定方法の基本的な枠組みについては，幅広く受け入れられており，維持されるべきものではあるが，算定方法の基本的な枠組み以外の点（以下「算定方法の詳細」という。）の一部については議論もある[9]。したがって，標準算定方式・算定表における算定方法の詳細に一部改良すべき点がないかについても，検証，対応が必要である。なお，標準算定方式・算定表の最も大きな利点は，これまでに詳述してきた簡易迅速性，予測可能性及び公平性であるから，その検証，対応においては，内容の合理性を維持しつつ，その利点を損ねることがないように留意しなければならない。

さらに，平成30年6月13日，第196回国会において，民法の定める成年年齢を20歳から18歳に引き下げることなどを内容とする「民法の一部を改正する法律」（改正法）が成立し，同月20日，平成30年法律

---

[9] 日本弁護士連合会は，標準算定方式・算定表の算定方法の基本的な枠組みを維持しつつ，それを改善するものであるとして，平成28年11月15日付け「養育費・婚姻費用の新しい簡易な算定方式・算定表に関する提言」（日弁連提言。その内容は，日弁連委員会書籍に詳しい。）を発表し，算定方法の詳細の一部について異なる提言をしている。もっとも，日弁連提言に対しては，批判もあり，裁判実務で一般には採用されてはいない（例えば，青木晋編著「人事訴訟の審理の実情」（判例タイムズ社，2018年）29頁参照）。

第 59 号として公布され，令和 4 年 4 月 1 日に施行されるので[10]，この改正法の成立又は施行が養育費の支払義務の終期等に与える影響も検討される必要がある。

そこで，本研究において，それらの検証，対応及び検討を行い，併せて標準算定方式・算定表を改良した改定標準算定方式・算定表を提案することとしたい。

---

[10] 一問一答・成年年齢引下げ 1，66 頁

第2 標準算定方式・算定表についての具体的な検証

1 算定方法の基本的な枠組み

(1) はじめに

　親は，未成熟子，すなわち経済的に自ら独立して自己の生活費を獲得すべき時期の前段階にあって，いまだ社会的に独立人として期待されていない年齢の子[11]に対し，自己の生活を保持するのと同程度の生活を被扶養者にも保持させる義務，すなわち生活保持義務を負うと解されている[12]。

　このような親の未成熟子に対する扶養義務を実現するには，未成熟子自身が親に対して，生活保持義務の履行としての扶養料の支払を求める（民法877条1項，879条）ことも可能であるが，家裁実務等においては，監護親が非監護親に対し，両親の離婚前は婚姻費用分担（民法760条）に含めて支払を求め，両親の離婚後又は両親が婚姻関係にない場合（認知等による場合）には子の監護に関する費用（民法766条1項）を養育費として支払を求めることが一般的である[13][14]。そこで，本報告書では，扶養料の算定の問題としてではなく，養育費等の算定の問題として検討する。

---

[11]　岡・実務大系②305頁以下参照。なお，未成熟子の意義については，後記第5の2(3)（本報告書54頁）において検討することとする。

[12]　これに対し，親族間の扶養義務は，「生活扶助義務」（自分の生活を犠牲にしない限度で，被扶養者の最低限の生活扶助を行う義務）であると解されている。

[13]　岡・実務大系②304頁

[14]　もっとも，成年に達した未成熟子に関し，本人が親に扶養料の請求ができることは当然として，成人した未成熟子と同居又は仕送りするなどして生計を一にする親（本報告書ではこれも「監護親」と呼ぶこととする。）が，他方の親（本報告書ではこれも「非監護親」と呼ぶことにする。）に，養育費を請求することが可能かについては問題となり得る。この点については後記第5の3（本報告書55頁）において詳述する。

(2)　標準算定方式・算定表における養育費等の算定方法の基本的な枠組み

ア　養育費等の意義

　　婚姻費用とは，民法760条所定の「婚姻から生ずる費用」，すなわち，婚姻家庭が，その資産，収入及び社会的地位等に応じた通常の社会生活を維持するために必要な費用である。そして，その分担については，「夫婦は，その資産，収入その他一切の事情を考慮して，婚姻から生じる費用を分担する。」（民法760条）とされている。

　　養育費とは，民法766条1項所定の「子の監護に要する費用」，すなわち，非監護親が監護親に支払うべき未成熟子の養育に要する費用である[15]。

　　養育費等は，いずれも，夫婦又は父母が協議で定めるとされているが，協議が調わないとき又は協議をすることができないときは，家庭裁判所が定めるとされている（民法760条，766条2項，家事事件手続法別表第二の2の項，3の項）。養育費等の算定はいずれも非訟事項であり，家庭裁判所は，諸事情を総合考慮し，その合理的な判断（裁量的判断）によって適正額を定める責務を負う。

イ　標準算定方式・算定表の提案以前の家裁実務における養育費等の算定方法

　　標準算定方式・算定表の提案以前の家裁実務においては，養育費等の算定方法は様々であった[16]。このうち，養育費の算定方法の基

---

[15]　養育費の根拠規定については，民法766条1項を挙げるもののほか，親権を挙げるものもあるが，親が未成熟子に対して自己の生活水準と同程度を原則とする生活保持義務を負うことは，親権の有無にかかわらず異ならないから，民法766条1項を根拠とするのが相当であろう。

[16]　本文中の収入按分型のほか，諸事情を比較衡量して決める自由裁量型，統計資料等の客観的実額に依拠して決める客観実額型という算定手法もある（注釈民法（21）437頁）。自由裁量型に対しては，分担額の算定に客観性が認められないとする批判が，客観実額型に対しては，統計資料からは，世帯構成別や個人別の数値が得られないし，統計処理された平均値であることから，具体的生活構造の裏付けがないとの批判があり，算定方式として収入按分型が主流となっていたと指摘されている（中山・判例先例親族法243頁）。

本的な枠組みとしては，子の実際の生活形態にかかわらず，高収入である義務者と同居していると仮定した上で，それぞれ義務者の総収入から公租公課等一定の子の養育費に振り分けるべきでないものを控除して基礎収入を認定し，後記(ｱ)～(ｵ)の手順に従い，子のために費消されていたはずの生活費の額を算出し，これを義務者及び権利者の基礎収入の割合で按分した上で，義務者が支払うべき養育費の額を算定するという収入按分型（生活保護基準方式）[17]が主流であった。

(ｱ)　義務者及び権利者の基礎収入[18]の認定

　　総収入，公租公課，職業費[19]及び特別経費[20]をそれぞれ認定する作業を行い，総収入から，公租公課，職業費及び特別経費を控除し，基礎収入を認定する。なお，公租公課及び特別経費は実額で認定し，職業費のみ総収入の 10 ～ 20％[21]という割合で推計処

---

[17]　収入按分型における子の生活費の認定には，本文中の最低生活費の割合によるもの（生活保護基準方式）のほか，財団法人労働科学研究所の総合消費単位を用いる方法（いわゆる労研消費単位方式）もあった。労研消費単位方式は，労働科学研究所が昭和 27 年に生活費の実態調査の結果により算出した総合消費単位を用いる方式であり，今日でも有用性は否定されていないとする見解（注釈民法（22）152 頁）があるが，消費単位の基礎となっている実態調査が昭和 27 年のもので，その後の家計支出の実情には大きな変動があるという問題点が指摘されている。標準算定方式・算定表の提案以前の家裁実務において収入按分型のうち生活保護基準方式が主流であって，労研消費単位方式に上記のような問題点があることから，本報告書では，単に収入按分型と述べたときは，生活保護基準方式を指すこととする。

[18]　総収入（税込収入）から公租公課，後述する職業費及び特別経費を控除した金額

[19]　給与所得者として就労するために必要な経費（後記第 2 の 2 ⑵ ア（本報告書32 頁）で詳述するとおり，自営業者の総収入については，事業のため必要な経費は控除されているため，自営業者の場合は，職業費を認定するという作業は要しない。）

[20]　家計の中でも弾力性，伸縮性に乏しく，自己の意思で変更することが容易ではなく，生活様式を相当変更させなければその額を変えることができない費用

[21]　注釈民法（22）152 頁。なお，注釈民法（21）437 頁では，職業経費（職業費と同旨）は「普通 15 ～ 20％」とされているが，職業費を 10％とした審判例（標準算定方式・算定表が提案される以前のもの）として，名古屋家審昭 47・3・9 家月 25 巻 4 号 59 頁，大阪家審平 1・9・21 家月 42 巻 2 号 188 頁などがある。

理する。

(イ)　義務者，権利者及び子の最低生活費の認定

　　厚生労働省が毎年告示する生活保護基準を用いて最低生活費を認定する。なお，最低生活費は，あくまで指数を算出するための基準値として使用するものであり，これをもって養育費の額とするものではない。

(ウ)　義務者及び権利者の分担能力の有無の認定

　　義務者の収入が義務者の最低生活費を下回っている場合には，義務者に養育費の分担能力がないとされる場合がある。

(エ)　子に充てられるべき生活費の認定

　　義務者と子が同居していると仮定し，義務者の基礎収入を義務者及び子それぞれの最低生活費の割合によって按分計算する。

(オ)　子の生活費を義務者及び権利者双方の基礎収入の割合で按分し，義務者が分担すべき養育費を算定する。

　収入按分型は，生活保持義務の趣旨を全うし，子の利益を図るため，子が高収入である義務者と同居していると仮定し，生活費指数を用いて子に振り分けられるべき生活費の額を算出した上で，権利者と義務者に基礎収入の割合に従ってその負担を求めるものであって，合理的な考え方及び公平な計算方法に基づいて，当事者の生活実態に合致した養育費の算定を目指す妥当なものと評価されていた[22]。

　また，婚姻費用についても，同様に収入按分型が採用され，義務者，権利者及び子が同居していると仮定し，双方の基礎収入の合計額を世帯基礎収入とし，その世帯基礎収入を権利者グループの最低生活費と義務者グループの最低生活費の割合で按分し，権利者グループが受け取るべき基礎収入を算出し，不足する額を義務者が権

---

[22]　三代川ほか・養育費・婚姻費用の算定方式と算定表の提案 287 頁

- 12 -

利者に支払う額と定める方法が主流であった。

ウ　標準算定方式・算定表における養育費等の算定方法及びその評価

　　標準算定方式・算定表における養育費等の算定方法は，基本的な枠組みとして，標準算定方式・算定表の提案以前の家裁実務において主流であった収入按分型を採用したが，公租公課，職業費及び特別経費については，個々の事案における実額を認定するのではなく，公租公課については税法等で理論的に算出された標準的な割合を，職業費及び特別経費については統計資料に基づいて推計された標準的な割合を用いることとした。標準算定方式・算定表における養育費の算定方法は，具体的には，①の計算式のとおり義務者・権利者の基礎収入を認定した上で，②の計算式のとおり子の生活費を認定した上で，これを③の計算式で権利者と義務者に按分するという後記三段階の計算を行うというものであった。

三段階の計算式

①基礎収入＝総収入 × 0.34 ～ 0.42（給与所得者の場合）

総収入 × 0.47 ～ 0.52（自営業者の場合）

（いずれも高額所得者の方が割合が小さい。）

②子の生活費＝義務者の基礎収入 × 55 or 90【子の指数】／

（100 ＋ 55 or 90【義務者の指数＋子の指数】）

③義務者の養育費分担額＝子の生活費 × 義務者の基礎収入／

（義務者の基礎収入＋権利者の基礎収入）

※　例外的に，権利者の方が高収入である場合，子が権利者と同居している場合には，子が権利者と同居している場合の子の生活費を基準とすべきであるが，この場合，権利者の収入が高くなればなるほど，義務者の養育費分担義務が増加していくことになって，義務者にとって極めて酷な場合が生じてしまうので，権利者の方が高収入である場合については，権利者の収入額が義務者の収入額と同一の場合に義務者が支払うべき費用を養育費の限度額とした。

また，標準算定方式による婚姻費用分担金の算定については，例えば，義務者・権利者が別居し，権利者が 15 歳未満の子 2 人と同居し，義務者が単身で生活しており，義務者の基礎収入（X）の方が権利者の基礎収入（Y）よりも大きいという場合，次の①②の計算式による。

①　権利者世帯に割り振られる婚姻費用（Z）

＝（X ＋ Y）×（100 ＋ 55 ＋ 55）／（100 ＋ 100 ＋ 55 ＋ 55）

②　義務者から権利者に支払うべき婚姻費用の分担額＝ Z － Y

収入按分型を基本的な枠組みとして採用することは，前記イ記載のとおり，養育費等の支払義務を生活保持義務とするとの考え方と合致するものであって，合理的な考え方及び公平な計算方法に基づいて，当事者の生活実態にも沿うものとして，標準算定方式・算定表提案以前から支持されており，現在も異論はみられない[23]。また，標準算定方式による婚姻費用の分担額の算定を合理的なものであって是認することができるとして，最高裁第三小法廷平成18年4月26日決定（家月58巻9号31頁）も収入按分型の採用を認めている。

エ　本研究における養育費等の算定方法及び具体的な検証課題

　本研究においても，養育費等の算定方法の基本的な枠組みについては，標準算定方式・算定表提案以前の家裁実務においても主流であって，現在でも基本的に異論がない収入按分型を採用する。

　もっとも，算定方法の詳細の一部である，基礎収入の算定方法については，標準算定方式・算定表の提案以前の家裁実務においては，職業費については統計を用い，それ以外については実額で認定し，生活費指数については個別の事件において，義務者・権利者の世帯ごとに，生活保護基準を用いて最低生活費を認定し，算出していたところを，標準算定方式・算定表においては，税法等で理論的に算出された標準的な割合及び統計数値によって推計された標準的な割合を用いており，それらの点については，控除すべき範囲も含め，異論がある。さらに，標準算定方式・算定表においては，義務者の収入が最低生活費を下回っているか否かについては考慮されていないが，この点についても異論がある。

　そこで，本研究においては，標準算定方式・算定表が採用した算定方法の詳細の一部である基礎収入や生活費指数の算定方法に，改良すべき点がないかを併せて検証することとする。

---

[23]　日弁連提言も基本的に収入按分型によるという算定方法の基本的な枠組みについては支持している。

また，標準算定方式・算定表が採用した基礎収入や生活費指数の
認定・算出方法やそれに類する方法を採用したとき，現在までの公
租公課，統計資料上の数値及び家計の消費動向の変動を踏まえ，基
礎収入や生活費指数の認定・算出に関し，最新の統計等を用いるこ
とによって改良すべき点を検証し，必要な対応をとることとする。
加えて，義務者の収入が最低生活を下回っているか否かを考慮すべ
きかについても，後に（後記第3）検討することとする。

2　基礎収入

(1)　給与所得者

ア　標準算定方式・算定表における基礎収入の認定

　標準算定方式・算定表においては，公租公課，職業費及び特別経
費のそれぞれが総収入に占める割合については，公租公課は，理論
的に算出された標準的な割合を（給与所得者の場合，総収入の12％
～31％），職業費は，実務上それに当たることが広く認められてい
る項目について，統計上の数値を基に推計した総収入に占める割合
を（給与所得者の場合，総収入の20％～19％），特別経費は，実務
上一般的に特別経費と認められている項目に限り，統計資料に基づ
いて推計された標準的な割合を（給与所得者の場合，総収入の26％
～16％）それぞれ控除し，標準的な基礎収入率（給与所得者の場合，
総収入の42％～34％[24]）を算出しており，この標準的な基礎収入率
を総収入に乗じて，基礎収入を認定している。

　なお，総収入は，給与所得者の場合，源泉徴収票の「支払金額」
又は課税証明書の「給与の収入金額」により認定することが多い。
給与明細書による認定の場合，歩合給や残業手当による変動や，賞
与・一時金が含まれていないことに留意する必要がある。当事者が

---

[24]　低額所得者の場合，100％－（12％＋20％＋26％）＝42％。高額所得者の
　場合，100％－（31％＋19％＋16％）＝34％。

収入に関する資料を提出しない場合や資料の信用性が乏しい場合，賃金センサス等を利用して適宜推計する。

　本研究においても基本的にこの基礎収入の認定方法によることが妥当と考えるが，一部改良すべき点もあると考えられるので，以下，公租公課，職業費及び特別経費に分けて，個別に検討する。

イ　公租公課

　(ｱ)　公租公課の範囲及び標準算定方式・算定表における扱い

　　養育費等の算定に当たって，公租公課を控除すべきこと，控除すべき公租公課を所得税，住民税及び社会保険料とすることについて異論はない。

　　標準算定方式・算定表の提案以前の家裁実務においては，公租公課を実額で認定していた。しかし，標準算定方式・算定表においては，公租公課が総収入に占める割合を，「税法等で理論的に算出された標準的な割合」（理論値）とする手法を採用し，所得税及び住民税は，各税法所定の税率を用い，社会保険料についても，健康保険料，厚生年金保険料，雇用保険料について各法所定の率を採用した。その結果，総収入に占める公租公課の割合を，総収入の12％～31％（高額所得者の方が割合が大きい。）と算出している。

　(ｲ)　本研究における基本的な考え方

　　公租公課は，他の費目と比較すると実額による認定は比較的容易であるとして，実額によるべきとの見解もあり[25]，標準算定方式・算定表の提案以前の家裁実務では，実額による認定がされていた。しかし，そもそも養育費等は，原則として，過去の収入から将来の長年の収入を推認し，それを踏まえて算出するものであるから，実額での詳細な認定になじまない面がある。また，後述する職業費等について推計された標準的な割合を用い，生活費指

---

[25]　日弁連意見書6頁，日弁連提言8頁。源泉徴収票等の資料により実額を認定することが容易であることを理由とする。

数も当該家庭でなく，子の年齢区分で抽象化した家庭での割合を用いるのであるから，公租公課のみ実額を認定することで，全体の正確性が担保できるとも言い難い。

さらに，仮に，公租公課について実額によるとの趣旨を徹底すると，将来の公租公課についても実額によるべきで，過去の実額を踏まえて，将来の公租公課等の額を特定して認定すべきこととなる。しかし，そのためには，生命保険料控除等の過去の所得控除原因の有無等の検討が必要となり，審理の複雑化を免れず，標準算定方式・算定表の目指す簡易迅速性が大きく損なわれ，事件ごとの認定判断によることとなり，安定的で合理的な認定が可能かどうかについても疑義が生じる結果となり，標準算定方式・算定表の目指す予測可能性のみならず公平性にも反する。加えて，総収入以外に一部でも実額で認定すべきものがあれば，算定表の作成や利用が極めて複雑・困難となり，そういった意味でも，標準算定方式・算定表の目指す簡易迅速性及び予測可能性が大きく損なわれる。

したがって，公租公課について，実額ではなく理論値で算出するのが相当である。

(ウ) 本研究における結論

以上の検討結果を踏まえ，税率及び保険料率について，最新の数値として平成30年7月時点のものを使用し，租税については，所得税及び住民税のほか，復興等特別税[26]を加算し，社会保険料については，健康保険料，介護保険料，厚生年金保険料及び雇用保険料を加算することとすると，総収入に占める公租公課の割合

---

[26] 東日本大震災からの復興のための施策を実施するために必要な財源の確保に関する特別措置法によると，復興特別所得税は平成25年から平成49年までの各年分の基準所得税額が課税対象となり，基準所得税額の2.1％の上乗せ税が課税される。また，東日本大震災からの復興に関し地方公共団体が実施する防災のための施策に必要な財源の確保に係る地方税の臨時特例に関する法律によると，住民税の均等割部分には，平成26年度から平成35年度までの間，合計1000円の上乗せ税が課税される。

は，おおむね 8 ％〜 35 ％（高額所得者の方が割合が大きい。） と
なる（計算過程については，次の「総収入に占める公租公課の割
合」参照）。

総収入に占める公租公課の割合

1　所得税

　所得税は，次の計算式によって求めた。すなわち，総収入から，給与所得控除（所得税法 28 条）と所得控除として社会保険料（健康保険料［介護保険料を含む］，厚生年金保険料，雇用保険料）控除（同法 74 条）及び基礎控除 38 万円（同法 86 条）を行った上で，所得税率（平成 27 年度以降の所得税率である 5 ％ ～ 45 ％）を乗じる。復興等特別所得税の税率は 2.1 ％である。

　所得税＝［（総収入－給与所得控除額）－所得控除］×所得税率

　また，各社会保険料額は，次のとおり算出する。

⑴　健康保険料（介護保険料を含む。）

　健康保険料は，次の計算式によって求めた。協会及び組合が定める健康保険料率は，3 ％～ 13 ％の範囲内で定めるものと法定されている（協会につき健康保険法 160 条 1 項，組合につき同項を準用する同条 13 項）。平成 30 年 3 月分以降の全国健康保険協会の健康保険料率は 9.63 ％～ 10.61 ％ [27] の間で定められている。そこで，同月分以降の全国健康保険協会各支部の健康保険料率の平均値 10.02 ％に介護保険料率 1.57 ％を加算した 11.59 ％を用いて，被保険者負担額（2 分の 1）を算出する。なお，年収に当たる総収入を 12 等分した金額を標準報酬月額と仮定して算出する [28]。

　健康保険料＝標準報酬月額（≒総収入）× 11.59 ％× 0.5

[27]　なお，健康保険組合の一例を挙げると，ジェイアールグループ健康保険組合の健康保険料率は 9.0 ％，大阪自動車整備健康保険組合の健康保険料率は 10.2 ％など，各組合によって異なるが，組合の保険料率の平均値は 9.215 ％であり，健康保険協会の健康保険料率と大差はないことが確認できる。

[28]　厳密には，標準報酬月額には通勤手当等が含まれている関係で，標準報酬月額と総収入の額とは同一金額ではないが，近似的ではあるから，標準報酬月額と総収入の額は同一であるものとして扱うこととする。雇用保険の賃金額についても同様である。

(2) 厚生年金保険料

厚生年金保険料は，次の計算式によって求めた。平成29年9月以降の保険料率18.3%を用いて，被保険者負担額（2分の1）を算出する。

厚生年金保険料＝標準報酬月額（≒総収入）×18.3%×0.5

(3) 雇用保険料

雇用保険料は，次の計算式によって求めた。平成30年度の雇用保険料率0.3%（被保険者負担分）を用い，被保険者負担分を算出する。

雇用保険料＝賃金額（≒総収入）×0.3%

2 住民税（都道府県民税，市町村民税）

住民税は，次の計算式によって求めた。住民税には，所得金額にかかわらず定額が課税される「均等割」と，所得金額に応じて課税される「所得割」があり[29]，均等割の標準税率は，一人当たり合計4000円である。そして，均等割部分に，復興特別税として1000円を上乗せすると合計5000円となる。所得割については，基礎控除が33万円となる点を除いて，所得税における計算方法と同一である。税率は，地方税法所定の税率である合計10%を用いる。

住民税＝［（総収入－給与所得控除）－所得控除］×10%

3 計算結果

計算結果は，おおむね8%〜35%（高額所得者の方が割合が大きい。）[30]となる。

---

[29] 所得割は総所得金額（総収入－給与所得控除額）が35万円以下の場合には課税されない（同一生計配偶者又は扶養親族がいない場合。地方税法附則3条の3）。均等割は総所得金額が条例で定める金額以下の場合には課税されない（東京23区では，同一生計配偶者又は扶養親族がいない場合には35万円。地方税法295条，同法施行令47条の3）。

[30] 総収入100万円以下の低額所得者については，健康保険，厚生年金保険及び雇用保険に加入せず，国民健康保険及び国民年金保険に加入し，国民健康保険及び国民年金保険料の減免の措置を受けていると推認した。国民健康保険については，国民健康保険実態調査の統計数値に基づいて月額の保険料を算出し，国民年金保険については，平成30年7月時点の保険料月額1万6340円として，50万円以下を全額免除，75万円以下を4分の3免除，100万円以下を半額免除と仮定して月額の保険料を算出し，総収入75万円以下の給与所得者の総収入に占める社会保険料の割合について，各収入階層の平均値を用いて，総収入に占める公租公課の割合を算出した。

ウ　職業費

　(ｱ)　職業費の意義及び標準算定方式・算定表における職業費の扱い

　　　職業費とは，給与所得者として就労するために必要な経費である。職業費について，基礎収入算定において控除されるべきものであって，簡易迅速性，予測可能性及び公平の観点から，統計資料に基づいて推計された標準的な割合によることが相当であることには異論がない[31]。

　　　標準算定方式・算定表の提案以前の家裁実務においては，事案に応じて，統計資料に基づいて職業費の割合を推計していた。その場合，通常10％から20％と推定されることが多かった。標準算定方式・算定表においては，職業費は，実務上，これに当たることが広く認められている被服費，交通・通信費，書籍費，諸雑費，交際費等とされ，総務省統計局の「家計調査年報」第4表「年間収入階級別一世帯当たり年平均1か月間の収入と支出（勤労者世帯）」（以下「家計調査年報第4表」という。）を集計し，過去5年間（平成10年〜14年）の平均値を算出し，給与所得者の総収入に占める職業費の割合を，20％〜19％（わずかに高額所得者の方が割合が小さい。）と算出している。具体的には，家計調査年報第4表の「実支出」のうち，「被服及び履物」，「交通」，「通信」，「書籍・他の印刷物」，「諸雑費」，「こづかい」及び「交際費」の占める割合を算出しており，「被服及び履物」については，同費目の額を世帯人員で除し，有業人員で乗じた数値を用い，他の費目については世帯全体の値を用いている[32]。

　(ｲ)　本研究における基本的な考え方

　　　所得税法上，給与所得者の特定支出の控除の特例（同法57条の2，以下「特定支出控除」という。）が規定されており，一定の要件の下，①通勤費，②転勤に伴う転居費，③職務の遂行に直

---

[31]　標準算定方式・算定表提案以前の家裁実務も，日弁連提言3頁も同旨である。
[32]　標準算定方式・算定表が算定した給与所得者の総収入に占める職業費の割合は，標準算定方式・算定表の提案以前の家裁実務の実態に則していた。

接必要な技術又は知識を得ることを目的とする研修費，④資格取得費，⑤単身赴任等の場合の帰宅旅費，⑥書籍・定期刊行物（図書費），制服・事務服（衣服費）及び交際費等の勤務必要経費を，給与所得から控除することができるとされている。

　これらの項目は，給与所得者の代表的な経費であり，これと家計調査年報第4表の各費目との対応関係を検討すると，「被服及び履物」，「交通」，「書籍・他の印刷物」及び「交際費」は職業費として控除するのが相当である。また，「通信」は，固定・移動（携帯）電話の通信料や郵便料であるところ，これらは職務遂行上欠くことのできない費目ということができるし，「諸雑費」も，家計調査年報第4表の「諸雑費」の細目によれば，「理美容サービス」，「理美容用品」，「身の回り用品[33]」及び「他の諸雑費[34]」等であって，「被服及び履物」と同様，身だしなみを整えるもの等として，給与所得者の経費とみることができ，さらに，「こづかい」も，こづかいとして世帯人員に渡されたもののうち，使途が明らかでないものなどが計上されているところ，給与所得者の経費が含まれていると考えられることから，これらの項目も職業費として考慮するのが相当である。

　そうすると，職業費として控除すべき対象となる費目は，標準算定方式・算定表と同様に，家計調査年報第4表の「被服及び履物」，「交通」，「通信」，「書籍・他の印刷物」，「諸雑費」，「こづかい」及び「交際費」とするのが相当である[35]。

　そして，これらの全費目についてその全額を職業費の対象とす

---

[33] 「身の回り用品」とは，かばん類，装身具及び腕時計等のことである。

[34] 「他の諸雑費」とは，保育費用，介護サービス，寄付金等のことである。

[35] 給与所得者の総収入の認定は，源泉徴収票の「支払金額」によることが多いことは既に述べたとおりであるが，この「支払金額」には非課税限度額内の通勤手当が含まれていないことから，家計調査年報第4表の「交通」の費目を職業費として控除することとの関係が問題となり得る。この点，給与所得者が就労のために交通費を必要とするのは通勤の場面に限られず，統計に基づいて職業費として控除される交通費の額が大きくないことも考慮して，本研究では，家計調査年報の「交通」の費目を職業費として控除すべき対象としている。

ると，給与所得者のために支出されていない部分も職業費として
控除することになり，また，就労に必要な部分と私的部分とを区
別していないという点で，総収入に占める職業費の割合が実態よ
りやや大きく算出される可能性がある。

　この点，標準算定方式・算定表では，「被服及び履物」に限って，
家計調査年報第4表の世帯人員で除して有業人員で乗じた金額を
職業費として計上し，その他の費目についてはその全額を職業費
として計上していた。

　家計調査では，各費目の支出額について，有業人員と非有業人
員のいずれのために支出されたものかが区別されていない。そこ
で，夫婦のみ世帯，未就学児のいる世帯，中学生のいる世帯など
ライフステージごとの家計の収支を出す総務省統計局「平成26
年全国消費実態調査」第16表「世帯類型別1世帯当たり1か月
間の収入と支出（二人以上の世帯のうち勤労者世帯）」（参考資料
参照）から，非有業人員である子の有無により，各費目の支出割
合がどのように変化するかも参考にして検討する[36]。

　同調査結果によれば，子のいる世帯の方が「食料」や「教育」
の支出割合が顕著に増加している反面，「交通」，「諸雑費」及び「交
際費」は，むしろ支出割合が減少傾向にあるという消費動向の変
化がみられる。世帯に子が加わっても支出割合が増えず，かえっ
て減少していることからすれば，「交通」，「諸雑費」及び「交際費」
については，子ではなく，有業人員を含む親[37]のために支出され
ていることが多いものと推測できる。また，「こづかい」は同調

---

[36]　ライフステージについては，同調査の結果概要の「世帯属性別にみた家計」・
「ライフステージ別消費支出の費目構成（二人以上の世帯のうち勤労者世帯）」
と同様に，第1ステージを夫婦のみの世帯（夫30歳未満），第2ステージを夫
婦と子供が2人の世帯（長子が未就学児），第3ステージを夫婦と子供が2人の
世帯（長子が中学生），第4ステージを夫婦と子供が2人の世帯（長子が大学生
等），第5ステージを夫婦のみの世帯（夫60歳以上）とした。

[37]　平均有業人員数は，第2ステージで1.45人，第3ステージで1.68人，第4
ステージで1.85人である。

査で費目として挙げられておらず，同調査を参考にすることができないが，一般に有業人員を含む親に対するこづかいと非有業人員である子に対するこづかいとでは額に大きな差があり，同費目も子ではなく，主に親のための支出とみることができる。そこで，「交通」，「諸雑費」，「交際費」及び「こづかい」については，非有業人員である子のために支出されている割合は少なく，有業人員を含む親のために支出されていることが多いものと推測されるものとして，その全額を職業費として計上するのが相当である。

　他方，「被服及び履物」，「通信」，「書籍・他の印刷物」は，夫婦のみの世帯より子がいる世帯の方が，支出割合が僅かに高い傾向にある。このように，世帯に子が加わることにより支出割合が増えていることからすれば，子のために支出される部分が一定程度あることがうかがわれる。このほか，標準算定方式・算定表の提案当時から現在までの間に，未成年者の携帯電話普及率が増加しているという消費動向の変化も無視できない。

　そうすると，「被服及び履物」，「通信」及び「書籍・他の印刷物」については，非有業人員である子のために支出される部分が一定程度あることを考慮し，支出額を世帯人員で除して有業人員で乗じた金額を職業費として計上するのが相当と考える[38][39]。

---

[38] 世帯に子が加わることによる増加額が僅かであるのに，世帯人員で除して有業人員で乗じた金額のみしか職業費として計上しないことは，職業費を過小に捉えるとの批判もあり得るが，他方，他の費目については，非有業人員である子のために支出されている金員も少ないながらあると解されるのに，それについては捨象することによって職業費を多めに捉えているともいえ，それらを相殺的に考慮することが合理的であると考える。

[39] 平均有業人員について，第1ステージでは1.66人，第2ステージで1.45人と若干減少するものの，第3ステージで1.68人となって第1ステージと同程度になるから，非有業人員である家事従事者の影響は小さいものと推測でき，婚姻費用についても，養育費と異なる取扱いをする必要はないと考えられる。

（参考資料）ライフステージ別職業費の支出額及び消費支出に占める割合（二人以上の世帯のうち勤労者世帯）

		第1ステージ	第2ステージ	第3ステージ	第4ステージ	第5ステージ
		夫婦のみの世帯（夫30歳未満）	夫婦と子どもが2人の世帯（長子が未就学児）	夫婦と子どもが2人の世帯（長子が中学生）	夫婦と子どもが二人の世帯（長子が大学生等）	夫婦のみの世帯（夫60歳以上）
世 帯 人 員（人）		2.00	4.00	4.00	4.00	2.00
有 業 人 員（人）		1.66	1.45	1.68	1.85	1.38
消 費 支 出（円）		272,045	284512	300,840	446,373	290,104
食 料	（円）	49,647	63183	81,762	83,482	71,085
	（%）	(18.2)	(22.2)	(27.2)	(18.7)	(24.5)
教 育	（円）	－	23958	32,673	119,474	23
	（%）	－	(8.4)	(10.9)	(26.8)	(0.0)
交 通	（円）	9,962	6108	5,483	17,225	7,595
	（%）	(3.7)	(2.1)	(1.8)	(3.9)	(2.6)
諸 雑 費	（円）	37,930	23451	18,568	21,859	23,376
	（%）	(13.9)	(8.2)	(6.2)	(4.9)	(8.1)
交 際 費	（円）	14,009	12223	9,880	13,010	27,621
	（%）	(5.1)	(4.3)	(3.3)	(2.9)	(9.5)
被 服 及 び 履 物	（円）	11,572	14289	13,540	19,297	10,695
	（%）	(4.3)	(5.0)	(4.5)	(4.3)	(3.7)
通 信	（円）	15,585	16762	17,855	24,894	11,753
	（%）	(5.7)	(5.9)	(5.9)	(5.6)	(4.1)
書 籍 ・ 他 の 印 刷 物	（円）	1,602	2424	3,973	4,386	4,215
	（%）	(0.6)	(0.9)	(1.3)	(1.0)	(1.5)

※平成26年全国消費実態調査「第16表 世帯類型別1世帯当たり1か月間の収入と支出（二人以上の世帯のうち勤労者世帯）」より作成

　次に，家計調査では，各費目の支出額について，就労のために支出されたものか否かが区別されていないから，この推計方法によると，各費目のうち，就労に必要な部分に限定できない（私的部分が含まれる。）のではないかとの批判があり得る。しかし，家計調査年報第4表には，「自動車等関係費」や「教養娯楽」など，その一部が職業費として支出されている可能性のある費目があるものの，それらについては職業費として計上していないから，就労に必要な部分に限定するために職業費として計上する金額を更に修正する必要はなく，「実支出」のうち，「被服及び履物」，「通信」及び「書籍・他の印刷物」について世帯人員で除した上で有業人員で乗じた金額を職業費として計上し，その他の費目についてはその全額を職業費として計上することで，給与所得者の総収入に占める職業費の割合を合理的，近似的に算出することができると考えられる。

㈡　本研究における結論

　以上の検討結果を踏まえ，統計資料としては，標準算定方式・算定表の提案当時の家計調査年報第4表に相当する家計調査年報第2－6表「年間収入階級別1世帯当たり1か月間の収入と支出」（全国・二人以上の世帯のうち勤労者世帯）（以下「家計調査年報第2－6表」という。）の直近の5年分である平成25年から平成29年までの平均値を用い，総収入に占める職業費の割合を推計すると，おおむね18％〜13％（高額所得者の方が割合が小さい。）となる（資料1参照）。

（資料１）平成 25〜29 年　職業費の実収入比の平均値
　　　　　家計調査年報第２−６表　年間収入階級別１世帯当たり１か月間の収入と支出
　　　　　（全国・二人以上の世帯のうち勤労者世帯）

（単位：円）

職業費	平均	年間収入階級						
項目		200万円未満	250万円未満	300万円未満	350万円未満	400万円未満	450万円未満	500万円未満
実収入(注1)	525,962	148,113	231,167	255,873	289,452	308,539	350,865	374,178
被服及び履物(注2)	6,811	2,098	3,471	3,330	3,447	3,676	4,336	4,767
交通	6,914	1,736	2,490	2,918	3,025	3,126	4,090	4,013
通信	8,184	4,843	6,024	6,685	6,367	6,772	6,912	7,188
書籍・他の印刷物	1,715	801	1,134	1,189	1,083	1,219	1,234	1,303
諸雑費	24,276	7,589	13,618	15,951	18,814	16,841	18,340	19,505
こづかい	13,846	1,333	5,455	5,613	8,157	7,755	9,951	10,218
交際費	18,419	6,070	9,644	10,162	11,109	12,299	13,103	14,145
合計	80,164	24,471	41,836	45,847	52,002	51,688	57,966	61,139
職業費実収入比	15.24%	16.52%	18.10%	17.92%	17.97%	16.75%	16.52%	16.34%

職業費	年間収入階級							
項目	550万円未満	600万円未満	650万円未満	700万円未満	750万円未満	800万円未満	900万円未満	1000万円未満
実収入	402,647	436,318	479,157	508,814	539,588	572,175	620,802	689,347
被服及び履物	4,817	5,408	6,051	6,459	6,464	7,574	8,229	9,341
交通	4,364	4,802	5,694	6,265	7,034	8,172	8,403	10,146
通信	7,338	7,834	7,673	7,923	8,379	8,671	9,220	9,660
書籍・他の印刷物	1,332	1,461	1,510	1,749	1,684	1,892	2,000	2,220
諸雑費	20,223	21,886	23,232	23,711	23,938	25,852	28,446	29,898
こづかい	10,812	12,322	12,433	13,309	14,265	15,673	17,713	18,447
交際費	14,794	15,266	16,229	17,956	19,313	20,668	22,512	22,472
合計	63,680	68,978	72,822	77,373	81,077	88,503	96,523	102,184
職業費実収入比	15.82%	15.81%	15.20%	15.21%	15.03%	15.47%	15.55%	14.82%

職業費	年間収入階級		
項目	1250万円未満	1500万円未満	1500万円以上
実収入	794,133	953,392	1,162,658
被服及び履物	11,182	14,243	17,311
交通	11,779	14,960	18,677
通信	10,051	11,300	11,349
書籍・他の印刷物	2,530	3,068	3,182
諸雑費	32,521	35,972	43,751
こづかい	20,488	22,222	25,982
交際費	26,011	31,821	34,993
合計	114,561	133,586	155,245
職業費実収入比	14.43%	14.01%	13.35%

（注１）実収入とは，一般に言われる税込み収入である。
（注２）「被服及び履物」，「通信」，「書籍・他の印刷物」につき，世帯人員で除し，有業人員
　　　　で乗じている。

エ　特別経費

(ア)　特別経費の意義及び標準算定方式・算定表における扱い

標準算定方式・算定表の提案以前の家裁実務においては，特別経費の費目及び金額は実額で認定されていた。

しかし，特別経費という概念の外延自体が明確ではなく，審判事件において，特別経費の費目及び金額をめぐって主張や資料提出が繰り返され，審理の長期化を招くという弊害があった。そこで，標準算定方式・算定表においては，特別経費を，実務上それに当たることが広く認められている住居に要する費用，保健医療に要する費用等として，家計調査年報第4表の「住居関係費[40]」，「保健医療」及び「保険掛金」の各費目の実収入に占める割合につき過去5年間（平成10年〜14年）の平均値を算出し，給与所得者の総収入に占める特別経費の割合を，おおむね総収入の26％〜16％（高額所得者の方が割合が小さい。）とした。また，標準算定方式・算定表の提案以前の家裁実務では，負債，学校教育費についても特別経費として考慮する例があった点については，負債の返済が特別経費として考慮されることになると，子の扶養義務に優先することになるので，相当性には疑問があるとして，負債を特別経費として考慮しないこととされた。また，学校教育費については，子の生活費指数を定める際に考慮されるものとして，特別経費としては考慮されないこととなった。

(イ)　本研究における基本的な考え方

前記のとおり，標準算定方式・算定表においては，特別経費として「住居関係費」，「保健医療」及び「保険掛金」が控除されている。

「住居関係費」については，再生産のための拠点として，特別の事情がない限りは生活に必要不可欠なもので，別居・離婚とい

---

[40]　住居関係費とは，家計調査年報第4表の「住居」の費目に「土地家屋に関する借金返済」の費目を加えたものである。

う事態に至っても容易に変更することができないものであるから，特別経費として考慮するのが相当である。これに対し，権利者における子の住居関係費の負担を考慮すべきであるから，特別経費として住居関係費を控除すべきでないとする見解[41]もある。しかし，子は親と同居するのが通常であり，子が独立した住居費を必要とするとは考えにくいから，この見解は採用できない。

「保健医療」についても，就労して収入を得る前提として健康を維持するのは必要不可欠であるから，特別経費として総収入から控除するのが相当であろう。また，現実にも，子に対しては自治体による医療助成が行われていることも多く，医療費は非常に低額であると思われる。

「保険掛金」については，保険契約には様々な種類[42]があるものの，生命保険，医療保険，火災・地震保険及び損害保険等，多くの保険契約は，不測の事態に備えるものとして，生活基盤に必要な固定的な費用といえる。

したがって，本研究では，標準算定方式・算定表における算定方法と同様に，総収入から基礎収入を認定するに際し，「住居関係費」，「保健医療」及び「保険掛金」の各費目を特別経費として控除することとする。

---

[41] 日弁連提言は，住居関係費，保健医療及び保険掛金について，特別経費として総収入から控除することをせず，その部分も基礎収入として生活費指数に応じて配分されるべきであるとする見解である。

[42] この点，貧困な世帯では保険に入ることすらできず，一方，高収入の者は貯蓄性の保険に加入しているのであり，こうした格差を標準化して控除することは，高収入の義務者の貯蓄性部分を控除し留保させることにほかならず，生活保持義務に相反する計算方法という批判（日弁連意見書7頁）がある。しかし，家計調査年報第2－6表の「保険掛金」の年間収入階級別金額をみると，その金額の増加は，収入額の増加に比して特に大きいものではなく，高収入者が低収入者に比して，特に高い割合（収入比）で保険掛金を支出しているものではないから，統計上，高収入の者が特に高い支出割合で貯蓄性の保険に加入しているとはいえない。

㈦　本研究における結論

　　　以上の検討結果を踏まえ，職業費と同様に直近の５年間である平成25年～平成29年の家計調査年報第２－６表の平均値を用いて算出することとし，これを用いて総収入に占める特別経費の割合を推計すると，おおむね20％～14％（高額所得者の方が割合が小さい。）となる（資料２参照）。

（資料２）平成25～29年　特別経費実収入比の平均値
　　　　　家計調査年報第２－６表　年間収入階級別１世帯当たり１か月間の収入と支出
　　　　　（全国・二人以上の世帯のうち勤労者世帯）

（単位：円）

特別経費	平均	年間収入階級						
項目		200万円未満	250万円未満	300万円未満	350万円未満	400万円未満	450万円未満	500万円未満
実収入(注1)	525,962	148,113	231,167	255,873	289,452	308,539	350,865	374,178
住居関係費(注2)	56,666	22,247	26,630	35,586	34,812	37,455	45,284	46,562
保健医療	11,338	4,278	7,078	8,859	8,626	8,804	9,000	9,839
保険掛金	24,807	3,673	8,339	10,456	13,167	13,421	15,320	16,753
合計	92,810	30,198	42,047	54,900	56,606	59,681	69,605	73,154
特別経費実収入比	17.65%	20.39%	18.19%	21.46%	19.56%	19.34%	19.84%	19.55%

特別経費	年間収入階級							
項目	550万円未満	600万円未満	650万円未満	700万円未満	750万円未満	800万円未満	900万円未満	1000万円未満
実収入(注1)	402,647	436,318	479,157	508,814	539,588	572,175	620,802	689,347
住居関係費(注2)	46,659	50,890	55,167	58,376	63,085	64,056	64,469	68,332
保健医療	9,888	10,481	10,638	10,752	11,227	11,704	12,566	13,722
保険掛金	19,055	20,979	21,570	24,475	25,426	26,429	31,494	35,889
合計	75,602	82,351	87,374	93,603	99,738	102,190	108,528	117,943
特別経費実収入比	18.78%	18.87%	18.23%	18.40%	18.48%	17.86%	17.48%	17.11%

特別経費	年間収入階級		
項目	1250万円未満	1500万円未満	1500万円以上
実収入(注1)	794,133	953,392	1,162,658
住居関係費(注2)	78,065	78,903	91,554
保健医療	15,452	16,156	16,891
保険掛金	37,813	46,678	50,486
合計	131,330	141,737	158,931
特別経費実収入比	16.54%	14.87%	13.67%

（注１）実収入とは，一般に言われる税込み収入である。
（注２）住居関係費とは，「住居」の額に「土地家屋に関する借金返済」の額を加えたものである。

オ　本研究における基礎収入割合

　　　以上，検討してきたとおりの総収入に占める公租公課の割合，職業費の割合及び特別経費の割合から基礎収入割合を算出すると，給

- 31 -

与所得者の基礎収入割合は，おおむね54％〜38％（高額所得者の方が割合が小さい。）となる（資料3参照）。

(2) 自営業者

ア　はじめに（総収入の認定）

　自営業者の総収入は，確定申告書の「課税される所得金額」に基づいて認定するのが一般である[43]。ただし，「課税される所得金額」には，税法上控除されているものの現実には支出されていない費用が含まれているから，これを加算して総収入を認定すべきという点に留意する必要がある。すなわち，「所得から差し引かれる金額」のうち「雑損控除」，「寡婦，寡夫控除」，「勤労学生，障害者控除」，「配偶者控除」，「配偶者特別控除」，「扶養控除」及び「基礎控除」は，もっぱら税法上の控除項目であり，現実に支出されていないから，これらは「課税される所得金額」に加算する必要がある。同様の趣旨から「青色申告特別控除額」も加算する必要があり，現実に支払がされていない場合には「専従者給与額の合計額」も加算する必要がある。また，「医療費控除」，「生命保険料控除」及び「損害保険料控除」については，標準的な額については特別経費として既に考慮されていることから，これらも「課税される所得金額」に加算する必要がある。さらに，「小規模企業共済等掛金控除」及び「寄付金控除」は，性質上，養育費や婚姻費用の支出に優先されるものではないから，「課税される所得金額」に加算するのが相当と考えられる[44]。

イ　標準算定方式・算定表における基礎収入の認定

　標準算定方式・算定表において，自営業者の基礎収入は，前記ア

---

[43] 自営業者の場合，事業の種類によって必要な経費が異なることから，いわゆる「売上」を総収入として扱うことは困難なことによる。

[44] 減価償却費は，税法上必要経費として収入から控除されるものであるが，当該年度において具体的な支出がない。そこで，総収入を算出するに際して，減価償却費を「課税される所得金額」に加算すべきか否かが問題とされている（岡・判タ5頁以下参照）。

の手順で算出された総収入から所得税，住民税及び特別経費を控除した金額とされている。社会保険料及び職業費が控除されていないのは，「課税される所得金額」においては，既に給与所得者の職業費に相当する費用及び社会保険料が控除されていることによる。

そして，標準算定方式・算定表は，①給与所得者と自営業者の基礎収入が同一の場合，負担すべき養育費等も同一であるとの考え方，②給与所得者と自営業者の基礎収入が同一である場合には，生活水準も同程度であることが推認されるから，支出される特別経費の額も同一であるとの考え方を前提として，次の段落で述べる方法で，給与所得者の総収入から基礎収入が一致する自営業者の総収入を算出した上で，標準算定表に併記している（例えば，標準算定表の上限である給与所得者の総収入が2000万円の場合，次の段落で述べる方法で，これと基礎収入が同一となる自営業者の総収入を算出したところ，それが1409万円となったので，それを併記している。）。

すなわち，前記①，②の考え方を前提とすると，給与所得者の総収入に対応する自営業者の総収入は，次の計算式で表すことができる。

給与所得者の総収入Ａに対応する自営業者の総収入a
＝給与所得者の総収入Ａから導かれる給与所得者の基礎収入
　＋自営業者の総収入aに課される所得税
　＋自営業者の総収入aに課される住民税
　＋給与所得者の総収入Ａに対応する給与所得者の特別経費

そして，所得税及び住民税については，理論値を用いて総収入を認定すれば算出可能であるため，給与所得者の総収入Ａに対応する自営業者の総収入aを算出し，自営業者の総収入aに課される所得税及び住民税の割合並びに特別経費の割合を算出すると，所得税及

び住民税については総収入のおおむね 15％～ 30％（高額所得者の方が割合が大きい。），特別経費については総収入のおおむね 33％～ 23％（高額所得者の方が割合が小さい。）とされ，自営業者の基礎収入割合は，総収入の 52％～ 47％[45]（高額所得者の方が割合が小さい。）の範囲内とされた。

ウ　本研究における基礎収入の認定

　前記イの標準算定方式・算定表の扱いは合理的な根拠のあるものであって，現実に自営業者に特化した特別経費の額を認定すべき統計も見いだせないから，本研究では，これを踏襲し，最新の税率（所得税及び住民税については復興等特別税を含む。以下同様）や統計数値を用いて，基礎収入が同一となる給与所得者の総収入と自営業者の総収入の対応関係を求め，自営業者の総収入に対する所得税及び住民税の割合，特別経費の割合を求めると，所得税及び住民税については，総収入のおおむね 16％～ 34％（高額所得者の方が割合が大きい。）となり，特別経費については総収入のおおむね 23％～ 18％（高額所得者の方が割合が小さい。）となる。

　そうすると，自営業者の総収入に占める所得税及び住民税（それぞれ復興等特別税を含む。）の割合並びに特別経費の割合から基礎収入割合を算出すると，自営業者の基礎収入割合は，61％～ 48％程度（高額所得者の方が割合が小さい。）となる（資料 3 参照）。

---

[45]　低額所得者の場合，100％－（15％＋ 33％）＝ 52％。高額所得者の場合，100％－（30％＋ 23％）＝ 47％。

（資料3） 基礎収入割合表

給与所得者（万円）	割合（%）
0～75	54
～100	50
～125	46
～175	44
～275	43
～525	42
～725	41
～1325	40
～1475	39
～2000	38

自営業者（万円）	割合（%）
0～66	61
～82	60
～98	59
～256	58
～349	57
～392	56
～496	55
～563	54
～784	53
～942	52
～1046	51
～1179	50
～1482	49
～1567	48

3 生活費指数

⑴ 標準算定方式・算定表における生活費指数の算出の基本的な枠組み

標準算定方式・算定表以前の家裁実務では，子に充てられるべき生活費の認定に当たり，家庭裁判所調査官の事実の調査を経るなどして，義務者・権利者の世帯ごとに生活保護基準を用いて最低生活費[46]を認定し，これを子の生活費指数の算出に用いる指標としていた。

しかし，この算出の具体的な方法は専門的な知識を前提とした，非常に複雑なものであって，家庭裁判所調査官の経済調査の対象とされ，事実の調査にも時間がかかるものであったため，標準算定方式・算定表においては，厚生労働省によって告示されている生活保護基準のうち，生活扶助基準中の基準生活費[47]を用いて最低生活費を認定し，

---

[46] ここでいう最低生活費は，前記第1の1（本報告書3頁）で述べたとおり，平均的な家庭において日常生活に必要とされる生活費の最低額といったような趣旨であって，生活保護制度上の最低生活費ではない。なお，生活保護制度上の最低生活費には，生活扶助のほか，教育扶助，住宅扶助，医療扶助，介護扶助，出産扶助，生業扶助，葬祭扶助がある（生活保護法11条1項）。

[47] その具体的内容については，後記⑶ア（本報告書39頁）において詳述する。

これに学校教育費を考慮して，親を「100」とした場合の子に充てられるべき生活費の割合を，子の生活費指数として算出することにした。具体的には，子の年齢区分を0歳から14歳，15歳から19歳の2区分とすることを前提とした上で，生活扶助基準における親一人子一人世帯の基準生活費から，親一人世帯の基準生活費を除いたものを子に充てられるべき生活費の生活費割合として算出し（第一段階），これに，国公立中学校ないし国公立高校の子がいる勤労者世帯の年間平均収入に対する公立学校教育費相当額を考慮した生活費割合を算出する（第二段階）という二段階の過程を経て子の生活費指数を算出していたものである。

このような標準算定方式・算定表における生活費指数の算出方法のうち，生活保護基準及び学校教育費に関する統計を用いて標準的な生活費指数を算出するという基本的な枠組みについては，簡易迅速性，予測可能性及び公平性の観点から，概ね異論がないものと考えられる。もっとも，算出方法の基本的枠組み以外の点（以下「算出方法の詳細」という。）の一部，すなわち，子の年齢区分，生活保護基準を用いた子の生活費指数の算出方法等については，異論がある[48]。

本研究においても，この生活費指数の算出方法の基本的な枠組みは妥当と考える。そこで，算出方法の詳細のうち，前記の異論がある点について，個別に検討し，その結果を前提として，生活保護基準及び学校教育費に関する統計を用いながら，子の生活費指数について具体的に検討することにする。

(2) 子の年齢区分の定め方
ア 標準算定方式・算定表における扱い
標準算定方式・算定表においては，子の年齢区分を0歳から14歳までと15歳から19歳までの2区分としているところ，これは，公立中学校と公立高等学校とで学校教育費の額に差があることか

---

[48] 日弁連提言4頁以下，同10頁，日弁連意見書8頁以下参照

ら，高等学校に進学する頃である 15 歳を基準として 2 区分とした
と考えられる[49]。

イ　本研究における基本的な考え方及び結論

　　子の年齢区分については，子の成長に伴い，子の生活費は変化し
ていくことから，子の生活実態と養育費の額との乖離を小さくすべ
きである，あるいは，乳幼児や小中学生を同一の区分とすることは
子の生活実態とかけ離れているなどとして，0 歳から 5 歳，6 歳か
ら 11 歳，12 歳から 14 歳及び 15 歳から 19 歳の 4 区分の生活費指数
を加重平均した上で，6 歳から 14 歳の区分をひとまとめにして 3
区分として合計 39 表とする提案などがされている[50]。これらの見解
は，年齢区分を細かくすればするほど，当該算定時点の生活実態に
応じた子の生活費指数を算出することができ，かつ，それが望まし
いとの考えを前提としていると考えられる。

　　確かに，年齢区分を細かくすれば，当該算定時点において，生活
実態に応じた子の生活費指数を算出することができる面もある。し
かし，平成 24 年，平成 26 年及び平成 28 年の子の学習費調査（資料
4 参照[51][52]）によれば，幼稚園及び小学校においても，中学校にお
ける学校教育費と同様，学習教育費等の費用は一定程度かかってお
り，0 歳から 11 歳までの子にかかる費用が 12 歳から 14 歳までの子
にかかる費用と比較して低廉であることをもって，直ちに 0 歳から
11 歳までと 12 歳から 14 歳までの子の年齢区分を分けるべきほどの
生活実態の差があるともいい難い。

　　そして，義務教育制度による就学義務は満 6 歳から満 15 歳まで
であり，義務教育機関である公立小学校・公立中学校においては，

---

[49]　三代川ほか・養育費・婚姻費用の算定方式と算定表の提案における資料 4「子
どもの学習費調査統計表（幼児・児童・生徒 1 人当たり年間額）」参照
[50]　日弁連提言 11 頁以下参照
[51]　文部科学省「子供の学習費調査」の「1　学校種別の学習費」（隔年で行われ
ている。）
[52]　なお，平成 8 年度から平成 12 年度の公立中学校の学校教育費平均は 13 万
4217 円，公立高等学校の学校教育費平均は 33 万 3844 円であった。

授業料及び教科書が無償であるのに対し，高等学校以上では，特別の制度がなければ，授業料は有償であるといった明確な制度上の違いがあり，資料4においても，中学校以下と高等学校（全日制）では，学校教育費に顕著な差がある。これに加えて，平成26年全国消費実態調査においても，長子が中学生の段階と，長子が高等教育機関に在籍している段階とを比較すると，後者における教育費の支出は格段に多い。

このような教育制度上の差異や，世帯支出の現状に照らすと，子の年齢区分として，0歳から14歳までの間と15歳以上[53]との間を特に区別して取り扱うことが，教育制度や生活実態に合致し，実際的な合理性があると考えられる。

また，標準算定方式・算定表が，年齢区分を2区分にとどめた趣旨は，養育費等が日々の生活に必要な費用であり，当事者が自主的に取り決めをすることも多く，簡易迅速性及び予測可能性が求められることに照らすと，3区分とした場合，生活費指数の計算に当たり，子の年齢に応じて細かい場合分けが必要となり，煩雑になることは避けられず，簡易迅速性及び予測可能性が害されることに加え，年齢が上がる度に，当事者間での協議が必要となり，頻繁に額の変更を申し立てることにもなり，法的安定性を損なうことになる。

このように考えると，当該算定時点の生活実態に応じた子の生活費指数を細かく算出することが，簡易迅速性及び予測可能性並びに法的安定性の要請を上回るほどの利益があるといえるかについては，疑問がある。

---

[53] 何歳までと考えるべきかについては，後記第5（本報告書51頁）において検討する。

よって，本研究においても，年齢区分については，標準算定方式・算定表の方式と同様に，０歳から14歳まで，15歳以上の２区分とするのが相当である。

（資料４）子供の学習費調査「１　学校種別の学習費」
（幼児・児童・生徒１人当たり年間額）

平成24年度

区分	幼稚園		小学校		中学校		高等学校（全日制）	
	公立	私立	公立	私立	公立	私立	公立	私立
学校教育費	131,624	340,464	55,197	822,467	131,534	997,526	230,837	722,212

平成26年度

区分	幼稚園		小学校		中学校		高等学校（全日制）	
	公立	私立	公立	私立	公立	私立	公立	私立
学校教育費	119,175	319,619	59,228	885,639	128,964	1,022,397	242,692	740,144

平成28年度

区分	幼稚園		小学校		中学校		高等学校（全日制）	
	公立	私立	公立	私立	公立	私立	公立	私立
学校教育費	120,546	318,763	60,043	870,408	133,640	997,435	275,991	755,101

平均（平成24～28年度）

区分	幼稚園		小学校		中学校		高等学校（全日制）	
	公立	私立	公立	私立	公立	私立	公立	私立
学校教育費	123,782	326,282	58,156	859,505	131,379	1,005,786	249,840	739,152

平均（平成26～28年度）

区分	幼稚園		小学校		中学校		高等学校（全日制）	
	公立	私立	公立	私立	公立	私立	公立	私立
学校教育費	119,861	319,191	59,636	878,024	131,302	1,009,916	259,342	747,623

⑶　生活保護基準の用い方の詳細（関連して，世帯区分を考慮するか。）
　ア　標準算定方式・算定表における扱い
　　生活扶助基準のうち基準生活費は，衣食等の日常的な消費生活のために必要な経常的な費用の１か月当たりの最低必要水準を定めたもので，居宅の場合，主に第１類費と第２類費とから構成されている。居宅第１類費は，飲食物費，被服費等，個人単位で消費する費用に相当するもので，年齢別に金額が定められている。居宅第２類費は，光熱費（電気・ガス・水道等），家具什器購入費等，世帯全体として消費する費用に相当するもので，世帯構成人員別に金額が定められている。基準生活費は，対象世帯の構成人員各人の居宅第

１類費の合計にその世帯の居宅第２類費を加算して決められる。

　標準算定方式・算定表においては，前述のとおり，親を「100」とした場合の子に充てられるべき生活費の割合を，世帯人数にかかわらず，親一人世帯の基準生活費の額（居宅第１類費と居宅第２類費を加えたもの）に対する子のみの基準生活費の額（親一人子一人世帯の基準生活費の額から親一人世帯の基準生活費の額を控除した残額）の割合から算出している[54]。

イ　本研究における基本的な考え方

　生活保護基準を用いて最低生活費を認定し，これに学校教育費を考慮して，親一人世帯の親の生活費を「100」とした場合の子に充てられるべき生活費の割合を算出するといった算出方法の基本的な枠組み自体には，異論はみられない。

　もっとも，標準算定方式・算定表において，親一人世帯の親の生活費を「100」とした場合の子に充てられるべき生活費の割合を算出するに際し，世帯人数にかかわらず，親一人世帯の基準生活費の額に対する子のみの基準生活費の額（親一人子一人世帯の基準生活費の額から親一人世帯の基準生活費の額を控除した残額）の割合から算出する点については，異論がある。すなわち，居宅第２類費は世帯単位で支給されるものであることを根拠として，子の生活費を過少に評価しているなどといった指摘がされており，例えば，子のみの生活費を算出するには，住宅扶助も加え，居宅第２類費及び住宅扶助については子を含めた世帯人数で頭割りとすべきであるとの見解がある[55]。

---

[54]　標準算定方式・算定表においては，本文に記載の居宅第１類費及び居宅第２類費の額を用いて親を「100」とした場合の子に充てられるべき生活費の割合を求めているところ，生活扶助基準には，他に，基準生活費として「地区別冬季加算」（居宅第２類費・所在地別に設定）や期末一時扶助費が，基準生活費以外としても「各種加算」（一般需要では満たされない個々人に特別に生じる需要に対する基準）及び「一時扶助」（被災時の布団，出産前の被服費等，臨時的に生ずる特別需要に対応する基準）などが含まれる。

[55]　日弁連提言４頁以下，同10頁，日弁連意見書９頁参照

- 40 -

しかし，前記2⑴エ，⑵ウで述べたとおり，住宅扶助に関する費用は特別経費において考慮されているから，基礎収入を按分する割合を算出するための生活費指数を算出するに際し考慮されるべきでない。また，世帯単位で支出される居宅第2類費の具体的な内容は，光熱費及び家具什器購入費等であって，その内容からすると，当然に全ての年代の親と子の支出が同額であると推認されるものではなく，頭割りにすべきものとはいえないから，生活費指数の算出に際して標準算定方式・算定表よりも世帯を細分化し，居宅第2類費を世帯人数で頭割りとすべきであるとの前記見解が，より個別の生活実態に即した具体的妥当性を反映したものとなっていると断ずることはできない。

　しかも，この見解によると，同一の年齢区分であっても，世帯人数によって異なる生活費指数が算出されることとなり，あまりに複雑で，算定表によるべき事案であっても多数の算定表を要し，日々の生活費である養育費等の算定方法としては簡易迅速性を欠き，当事者が自主的に定めるべきものである養育費等の算定方法としては予測可能性も欠くことになる。

　よって，親一人世帯の親の生活費を「100」とした場合の子に充てられるべき生活費の割合を算出するに際して，本研究においても，標準算定方式・算定表における算出方法と同様に，世帯人数にかかわらず，親一人世帯の基準生活費の額に対する子のみの基準生活費の額（親一人子一人世帯の基準生活費の額から親一人世帯の基準生活費の額を控除した残額）の割合から算出することとし，世帯区分は考慮しないこととするのが相当である[56]。

---

[56] 　なお，居宅第1類費については，平成25年8月以降，二人以上世帯に逓減率が設けられている。ここで，居宅第1類費は，二人以上世帯において世帯全体の費用が，個人単位で消費する費用の合計額と比して圧縮されるとしても，そのうちの親と子との必要な生活費の比率が変わるわけではないため，本研究でも，標準算定方式・算定表と同様に逓減率を考慮せず，生活費指数を算出した。

(4)　本研究における結論

　以上の検討を踏まえ，最低生活費及び子の教育費について，次のとおり統計資料を更新し，生活費指数を算出する。なお，統計の対象期間については，基本的には，標準算定方式・算定表と同様に，平均的な値を出すために直近の5年間である平成25年度から平成29年度までとするが，子が15歳以上の区分については，後記イで詳述するとおり，公立高等学校の授業料が一律不徴収となっていた平成25年度の統計を除いた，平成26年度から平成29年度までの4年間（学校教育費については平成26年度及び平成28年度の統計）とする。

ア　最低生活費

　最低生活費について用いる統計資料は，資料5[57]のとおり，標準算定方式・算定表と同様に，厚生労働省の生活扶助基準の基準生活費を用いるのが相当であるから，親については，居宅第1類費の20歳から59歳までの基準生活費の平均額，子については，0歳から14歳までの基準生活費の平均額[58]，15歳から19歳までの基準生活費の平均額をそれぞれ採用し，親一人世帯の基準生活費の額（居宅第1類費に居宅第2類費を加えたもの）に対する子のみの基準生活費の額（親一人子一人世帯の基準生活費の額から親一人世帯の基準生活費の額を控除した残額）の割合で求めることとする。

---

[57]　なお，平成10年度から平成14年度の生活扶助基準居宅第1類費月額平均は，0歳から14歳までが3万2136円，15歳から19歳までが4万5677円，20歳から59歳までが3万9547円であった。また，居宅第2類費月額平均は，世帯人数一人で4万3798円，二人で4万8476円，3人で5万3742円，4人で5万8470円であった。

[58]　平成25年度から平成29年度の生活扶助基準は，資料5（生活保護法による保護の基準（昭和38年4月1日号外厚生省告示第158号））のとおりである。なお，上記告示の別表によると，基準生活費の年齢区分が0歳から2歳，3歳から5歳，6歳から11歳，12歳から19歳の4区分となっており，15歳を区切りとした場合の正確な平均値をとることはできないが，おおむね上記のとおりの計算となる。

そうすると，親一人子一人世帯の基準生活費の額である，０歳から14歳までの12万1344円，15歳から19歳までの12万8473円から，親一人世帯の基準生活費の額である8万0289円をそれぞれ控除すると，学校教育費考慮前の子の最低生活費は，０歳から14歳までは4万1055円，15歳から19歳までは4万8184円となり，親の指数を「100」として子の生活費の割合を指数で算出すると，資料7（1）に記載のとおり，０歳から14歳までは51，15歳以上は60となる。これは，標準算定方式・算定表において，０歳から14歳までは45，15歳から19歳までが60であったことに照らすと，０歳から14歳までの学校教育費考慮前の生活費の割合が増加する一方，15歳以上については変化がないことを示している。

（資料5）基準生活費　居宅第1類費，第2類費の平均額
（平成25年度から平成29年度平均）

（1）居宅第1類費　　　　　　　　（単位：円）

	金額
0～14歳	32,631
15～19歳	39,760
20～59歳	38,956

（2）居宅第2類費　　　　　　　　（単位：円）

	金額
1人平均	41,333
2人平均	49,757
3人平均	57,986
4人平均	60,319

イ　学校教育費

　学校教育費については，標準算定方式・算定表と同様に，０歳から14歳までについては，公立中学校の子がいる世帯の年間平均収入の基礎収入に対する公立中学校の学校教育費相当額を，15歳以上については，公立高等学校の子がいる世帯の年間平均収入に対する公立高等学校の学校教育費相当額をそれぞれ考慮することによ

り，子に充てられるべき生活費の割合を求めるのが相当である[59]。

この点に関し，公立高等学校においては，平成22年度から平成25年度までの間，授業料が一律不徴収となったこと[60]により，統計資料上は公立高等学校の教育費が減額になっていたものの，平成26年4月には前記授業料の不徴収制度が廃止され，公立高等学校の生徒については所得に応じた就学支援金の支給の対象とする高等学校等就学支援金制度に改められ，支給限度額も定められた[61]。このように，現在，授業料の不徴収制度自体が廃止されていることからすると，今後の養育費等を算定するための学費の収入に対する割合を算出するためには，前記授業料の不徴収制度によって教育費が減額となっている期間については，生活費指数算出のための学費の認定には用いるべきではない。そうすると，公立高等学校の学校教育費及びそれに対応する国公立高等学校に通う生徒のいる世帯収入については，前記授業料の不徴収制度の対象期間を除いた平成26年度から平成29年度までの期間を用いることが相当であり，これを示したものが資料6－1及び資料6－2である。

---

[59] 日弁連提言においては，最低生活費であっても，学校教育費の平均値は確保すべきであるとして，学校教育費を単純に加算する方法が提案されているが（同提言10頁），その金額に照らせば事案に応じて算定表の枠内で考慮することで足り，一律に加算することが相当とまではいえない。なお，本研究が採用する算定方法によっても，標準算定方式・算定表と同様に，例えば義務者の収入が公立中学校・公立高等学校の子がいる世帯の平均収入を上回る場合には，結果として公立中学校・公立高等学校の学校教育費以上の額が考慮されていることとなる。関連して，子が私立学校に通っている場合の養育費の算出方法が問題となる（岡・判タ11頁）。

[60] 公立高等学校に係る授業料の不徴収及び高等学校等就学支援金の支給に関する法律（平成22年法律第18号）

[61] 平成25年法律第90号により改正前の高等学校等就学支援金の支給に関する法律1条参照

（資料６－１）国公立中学校の子のいる勤労者世帯平均収入

（単位：円）

平成25年度	7,325,801
平成26年度	7,306,632
平成27年度	7,241,614
平成28年度	7,281,711
平成29年度	7,492,382
5年平均 （平成25〜29年度）	7,329,628

（資料６－２）国公立高校の子のいる勤労者世帯平均収入

（単位：円）

平成26年度	7,570,163
平成27年度	7,714,088
平成28年度	7,491,944
平成29年度	7,694,029
4年平均 （平成26〜29年度）	7,617,556

（注１）　資料６－１及び６－２の数値は，総務省統計局から提供を受けた家計調査票情報を本研究に当たり集計整理したものであり，総務省統計局による家計調査の本体集計とは必ずしも一致するとは限らない。

（注２）　家計調査は標本調査であり，標本誤差が含まれる可能性がある。

（注３）　家計調査の年間収入（万円単位）を用いて集計し，便宜，円単位まで表章している。

　　なお，子が高等学校等就学支援金を受領している場合であっても，高等学校等就学支援金の趣旨は，高等学校等における教育に係る経済的負担の軽減を図り，もって教育の機会均等に寄与することにあるから，その支給を受けていることで算定表によって算出された養育費等の額を修正すべきではない[62]。

ウ　算出結果

　　以上の検討を踏まえると，学校教育費等を考慮するに当たっては，学校教育費考慮後の生活費指数をＸとし，Ｘを用いて算出された子に割り当てられるべき生活費は，学校教育費考慮前の生活費の割合を用いて算出された子に割り当てられるべき生活費に学校教育費を加えたものと等しいことを前提として生活費指数を算出することが相当である。

---

[62]　なお，私学加算の修正を加える過程において，私立学校に係る助成金を考慮するか否かについては，助成金の制度趣旨に応じて個別具体的に検討すべきである。

そうすると，資料7（2）記載のとおり，考慮すべき平均的な学校教育費（年額）は，0歳から14歳までは13万1379円（公立中学校の学校教育費相当額），15歳以上は25万9342円（公立高等学校の学校教育費相当額）となり，前者についての世帯平均年収は732万9628円，後者についての世帯平均年収は761万7556円[63]であり，それぞれの年収に応じた基礎収入割合である40％をそれぞれ乗じ，学校教育費考慮前の生活費指数を算出したときと同様に親一人子一人の世帯を想定して，学校教育費考慮後の子の生活費指数を算出すると[64]，0歳から14歳までは62，15歳以上は85となる。

　ここで，標準算定方式・算定表において，子の生活費指数が0歳から14歳までは55，15歳から19歳までが90であったことに照らすと，0歳から14歳は上昇し，15歳以上は低下している。その理由は，0歳から14歳については既に述べたとおり学校教育費考慮前の生活費の割合が上昇したことによるものであり，15歳以上については国公立高等学校の学費が下がったことによるものである。

　よって，本研究に基づく改定標準算定方式・算定表においては，子の生活費指数は，0歳から14歳までについては「62」，15歳以上については「85」とすることが相当である。

---

[63]　資料6のうち，平成26年度ないし平成29年度の平均
[64]　計算式：
国公立中学校又は高等学校の子がいる世帯の平均年収
×基礎収入割合×X÷（100＋X）
＝国公立中学校又は高等学校の子がいる世帯の平均年収
×基礎収入割合×（学校教育費考慮前の生活費割合である51又は60）÷（100
　＋51又は60）＋平均的な公立学校教育費

（資料7） 生活費指数

（1）学校教育費考慮前の生活費の割合

	0～14歳	15歳～
①親一人子一人世帯の基準生活費	121,344	128,473
②親一人の基準生活費	80,289	80,289
③子のみの基準生活費(=①-②)	41,055	48,184
④生活費指数（学校教育費考慮前)(=③/②)	**51**	**60**

（2）学校教育費考慮後の生活費の割合

	0～14歳	15歳～
①平均学校教育費 （0～14歳につき公立中学校，15歳以上につき公立高等学校）	131,379	259,342
②国公立中学校・国公立高校の子のいる勤労者世帯の収入	7,329,628	7,617,556
③基礎収入割合	40%	40%
④生活費指数（学校教育費考慮後）	**62**	**85**

第3 義務者が低所得の場合

1 標準算定方式・算定表における扱い

標準算定方式・算定表の提案以前の家裁実務においては，養育費等の算定に当たり，義務者の収入が義務者の最低生活費を下回る場合には，義務者に養育費等の分担能力がないと判断され，養育費等の支払義務が認められないこともあった[65]。これに対し，標準算定方式・算定表においては，親が未成熟子に対して負う扶養義務が生活保持義務であること[66]，義務者の免責を認めることにすると，最低生活費の算出が必要となるなど，計算過程の複雑化が避けられないことなどを理由として，義務者の総収入が少ない場合でも養育費等の分担義務を免れないものとしている[67]。

2 本研究における結論

生活保持義務が自己の生活を保持するのと同程度の生活を被扶養者にも保持させるという性質のものであり，日々の生活費としての重要性を有していることからすると，安易にその義務を弱めることには慎重であるべきである。また，最低生活費を下回る場合には，義務者に養育費等の支払義務を認めないとする見解を採用した場合，最低生活費の算出が

---

[65] 三井博志ほか「家事事件における経済調査について（三）」（家月 37 巻 4 号 102 頁）143 頁，150 頁参照，平山貢ほか「養育費分担額査定の研究（その 1 ）」（家月 40 巻 4 号 195 頁）210 頁参照，河合熙ほか「養育料・婚姻費用算定に関する実証的研究」（家月 40 巻 6 号 149 頁）169 頁参照

[66] 生活保持義務については，中川善之助教授により，「生活保持の義務とは，親が未成熟の子を養うが如く，また夫婦が互いに扶養し合うが如く，扶養をなすことがその身分関係の本質的不可欠的要素をなし，相手方の生活を扶養することが直ちに自己の生活を保持する所以でもある如き場合である」として，「最後に残された一片の肉までを分け与ふべき義務である」と表現されている。中川善之助「日本親族法」（日本評論社，1942 年）444 頁。裁判例としては，東京高決平 24・8・29 判例集未搭載参照

[67] 三代川ほか・養育費・婚姻費用の算定方式と算定表の提案

必要となる場合が生じ，計算過程が複雑化して審理が長期化するほか，一律に養育費等の支払を免除する基準額を設定した場合にも，その基準額の算定をめぐっての主張がされるなどして，より一層審理が長期化するおそれも否定できず，簡易迅速性，予測可能性及び公平性といった標準算定方式・算定表の利点が失われることになりかねない。さらに，義務者があえてその基準額を下回るようにするなどした場合には，義務者が潜在的に稼働能力を有しているとみることもできる[68]。

よって，義務者が低所得者の場合，あくまで0円から2万円（又は1万円）といった算定表の枠内で，個別具体的な事案に応じて検討するという標準算定方式・算定表の考え方を維持し，0円とするかどうかは，権利者及び義務者の状況や子の状況に応じて，事案に即した判断をするのが妥当である[69]。

---

[68] 例えば，十分働けるのに，労働意欲がなくて働かない場合や趣味的な仕事しかせずに低い収入に甘んじているなどの場合には，賃金センサスなどによって収入を擬制し，相当額を分担させるのが公平に適う場合もある（松本・婚姻費用・養育費の算定84頁）。

[69] なお，義務者が生活保護を受給している場合には，養育費等の免除を認める考え方として，秋武憲一「第3版離婚調停」（日本加除出版，2018年）251頁がある。

第4 改定標準算定方式に基づく改定標準算定表の提案

　これまで述べた改定標準算定方式に従い，養育費等を算出し，標準算定表と同様に義務者が極めて低収入の場合は1万円，それ以外の場合は2万円の幅をもたせて整理し，子の人数（1〜3人）と年齢（0〜14歳と15歳〜の2区分）に応じて作成した，改定標準算定表（別紙表1〜19のとおり）を提案する。

　改定算定方式・算定表は，標準算定方式・算定表と同様，あくまで標準的な養育費等を簡易迅速に算出することを目的とするものであり，最終的な養育費等の額は，各事案の個別的要素をも考慮して定まるものである[70]。しかし，標準算定方式・算定表と同様，個別的事情といっても，通常の範囲のものは標準化するに当たって改定標準算定表の額の幅の中で既に考慮がされているのであり，この幅を超えるような額の算定を要する場合は，この算定表によることが著しく不公平となるような特別な事情がある場合に限られるものと思われる。

---

[70] 例えば，岡・判タ9頁以下でも，特別事情の検討を要する事案として住宅ローンや私立学校の学費等が問題となる場合等が挙げられている。

第5 成年年齢引下げと養育費の支払義務の終期等

1 問題の所在

前記第1の2で述べたとおり，平成30年6月13日，第196回国会において，民法の定める成年年齢を20歳から18歳に引き下げること等を内容とする改正法が成立し，同月20日，平成30年法律第59号として公布され，令和4年4月1日に施行される。

成年年齢が20歳とされている現行法下の家事審判及び離婚判決においては，養育費の支払義務の終期について，成年年齢である満20歳に達する日（又はその日の属する月）とする例が多くみられた[71]。また，家事調停，和解及び当事者間の協議においても，そのような例が少なくなかった。さらに，裁判例や学説において，成年年齢に達した未成熟子が非監護親に扶養料の支払を求めることができることには争いがなかったが[72]，監護親が非監護親に養育費等として請求ができるかについては争いがあった。

改正法施行後においては，「成年」の範囲が改正法施行前と異なるものとなるから，改正法の成立又は施行後において，改正法の成立又は施行前に発生していた権利義務に関して，①既に養育費の終期として「成年」に達する日（又はその日の属する月）までと定められた協議書や家事調停における「成年」の意義をどのように解釈をすべきか，②当事者間の協議，家事調停，和解，家事審判及び離婚判決において，既に養育費の支払義務の終期が満20歳に達する日（又はその日の属する月）までと定められている場合に，改正法の成立又は施行が，家事審判におけ

---

[71] リーガルプログレッシブ160頁。もっとも，家事調停においては，子の大学卒業予定である子が22歳となった以降の最初の3月までとされる例も少なくなかった。

[72] 親の未成熟子に対する扶養義務は，親権の有無とは関係がなく，扶養義務の順位についても，親権者であり監護養育している親と，親権者でない監護養育していない親との間に差はない（我妻栄「親族法」（有斐閣，1961年）332頁，二宮周平「家族法第4版」（新世社，2014年）131頁，判例先例親族法108頁）。

る養育費の変更事由に該当するかについて，検討を加える必要がある。

　これに加え，改正法の成立又は施行後の養育費の家裁実務として，③養育費の支払義務の終期について，どのように判断すべきかについても検討する必要がある。

　さらに，④この改正が婚姻費用についてどのような影響を与えるかも併せて検討する必要がある。

　また，前記②及び③の理論的前提として，監護親が成年年齢に達した未成熟子の養育費等の支払を請求できるかも問題となる。

　そこで，まず，改正法と養育費等との関係を確認し，その後，各論点について検討することとする。

2　改正法と養育費等との関係

(1)　成年年齢引下げの理由と審議の状況

　改正法による成年年齢引下げの立法理由，意義としては，公職選挙法の定める選挙権年齢が満 20 歳以上から満 18 歳以上に改められたことに伴い，市民生活の基本法である民法においても，18，19 歳の者を経済取引の面でも一人前の大人として扱うことが適当であることなどが挙げられている[73]。

　また，改正法の成立に合わせて，公認会計士，司法書士などの各種の資格取得や飲酒・喫煙，競馬等の投票券購入などの年齢要件についての実質を引き下げるか否かが検討されたところ，飲酒・喫煙に関する年齢要件については，健康面への影響や非行防止の観点から，競馬等の投票券購入のための年齢要件については，青少年保護の観点や，教育現場におけるギャンブルの依存症リスクに対する体系的な教育の状況等を踏まえ，いずれも 20 歳以上という年齢要件が維持されることになった[74]。

---

[73]　一問一答・成年年齢引下げ 9 頁

[74]　一問一答・成年年齢引下げ 75，79，81，83，99 頁。なお，養親年齢については，他人の子を法律上自己の子として育てるという重い責任を伴うものであること等を考慮すると，養親年齢を 18 歳に引き下げることは適切でないと考え

加えて，参議院法務委員会では，平成30年6月12日付けで，成年年齢と養育費負担終期は連動せず，親には子が未成熟である限り養育費等の分担義務があることが確認されるとともに，改正法の施行前までに，ひとり親家庭の養育費確保に向けて，養育費の取り決め等について周知徹底するなど必要な措置を講ずるよう求める附帯決議がされ[75]，国会での審議においては，法務大臣や立法担当者等により，施行日前に合意された養育費の支払期間については一般的には影響がないと考えられること，施行日後も，養育費の支払義務が生じるのは子が未成年である場合に限定されるものではないこと等が答弁されている[76]。

(2)　近年の進学率の状況
　文部科学省の調査によれば，高校進学率[77]は平成2年以降95%を超え，

　　られ，諸外国においても，私法上の成年年齢よりも，養親年齢を高く設定している国が多くみられることなどから，養親年齢を20歳とする現在の規律が維持されることとなったようである（同60頁）。

[75]　一問一答・成年年齢引下げ165頁

[76]　一問一答・成年年齢引下げ14頁，衆議院法務委員会議録第2号（平成30年3月20日）の上川国務大臣発言，衆議院法務委員会議録第11号（平成30年5月11日），参議院法務委員会会議録第13号（平成30年5月31日）及び参議院法務委員会会議録第14号（平成30年6月5日）における小野瀬政府参考人（法務省民事局長）発言並びに衆議院法務委員会議録第11号（平成30年5月11日）の村田最高裁判所長官代理者（最高裁判所事務総局家庭局長）の発言等。一問一答・成年年齢引下げ45頁によれば，立法担当者としては，大学への進学が子の教育方法として一般的なものとなっている一方で，大学在学中の子が自ら稼働して経済的に自立することを期待することは困難であることからすると，大学在学中の子については，子を監護していない方の親が養育費の支払義務を負う場合も少なくないと考えられることに照らして，子が大学に進学することを希望しており，かつ，その能力もあると認められるなど，子の大学進学の可能性が高いと認められる場合であって，子を監護していない方の親が子の大学進学を承諾しているか，十分な資力があるなど，その親に大学進学後の子の養育費を負担させることが相当と認められるときには，例えば，子が一般に大学を卒業する年齢である22歳に達した後に初めて到来する3月まで養育費の支払を命じられることもあり得るものと考えられるとの見解を示している。

[77]　中学校・義務教育学校卒業者及び中等教育学校前期課程修了者のうち，高等学校，中等教育学校後期課程及び特別支援学校高等部の本科・別科並びに高等専門学校に進学した者（就職進学した者を含み，過年度中卒者等は含まない。）の占める比率

その後も増加を続け，平成 30 年の段階では 98.8％に達している[78]。また，平成 30 年度の調査によれば，大学・短期大学等への現役進学率[79]は54.8％，過年度高卒者[80]も含めると 57.9％，専門学校への現役進学率は15.9％，過年度高卒者等を含めると 22.7％であり，高等教育機関進学率（過年度卒を含む。）[81]は 81.5％に達している[82]。

(3)　改正法と養育費との関係についての検討

　　親は，未成熟子に対し，生活保持義務を負い，養育費はその実現のため支払われるものであるところ，一般的に，未成熟子の意義としては，単に子が現に経済的に自立していないという事実のみでは足りず，監護親及び非監護親の経済状況や子が経済的に自立していない理由等を含む，当該事案の一切の事情の下において，一般的，社会的にみて子が経済的自立を期待されていないこと（経済的に自立しないことを許容されていること）をも要すると解されている[83][84]。

---

[78]　文部科学省「学校基本調査／年次統計」

[79]　各年 3 月の高等学校及び中等教育学校後期課程本科卒業者のうち，大学の学部・通信教育部・別科，短期大学の本科・通信教育部・別科及び高等学校等の専攻科に進学した者（就職進学した者を含む。）の占める比率

[80]　大学学部・短期大学本科入学者数（過年度高卒者等を含む。）を 3 年前の中学校卒業者及び中等教育学校前期課程修了者数で除した比率

[81]　大学学部・短期大学本科入学者数，高等専門学校 4 年在学者及び専門学校入学者（過年度高卒者等を含む。）を 3 年前の中学校卒業者及び中等教育学校前期課程修了者数で除した比率

[82]　文部科学省「平成 30 年度学校基本調査（確定値）の公表について」（平成30 年 12 月 25 日）

[83]　大学に進学し，監護親に扶養されている成年年齢に達した子について，現に経済的に自立していないということだけで，当然に非監護親に対する養育費の請求が肯定されるわけではなく，非監護親の進学への合意の有無，両親の学歴及び経済状況等を勘案した上で判断されていることから分かる（例えば，注釈民法（22）151 頁，さいたま家川越支部審平 29・8・18 判時 2364 号 43 頁）。

[84]　なお，上記のとおり，未成熟子の定義において「年齢」との表現が用いられているが，その意味をどのように考えるべきかが問題となる。既に述べたとおり，一律，成年年齢に達したか否で未成熟子か否かを決するとの考えは相当ではない。もっとも，成年年齢を超えた子を未成熟子か否かを判断するに際して，年齢が判断要素の一つとなるのか，なるとして何歳程度以上であれば未成熟子を脱したと判断されるのかなどの問題は残る。この点は，改正法の成立又は施

- 54 -

そして，前記の改正法の立法理由，意義と国会における審議の内容によれば，改正法は未成熟子の保護を現状から後退させる趣旨のものではなく，むしろ，現状どおりその保護をすることを前提として立法がされたということができる。また，健康被害の防止や青少年の保護の観点から定められた年齢要件については，年齢要件としての20歳は維持されていることからすれば，成年年齢が18歳に引き下げられたとしても，我が国の法体系において，20歳未満の者については，その未成熟な面を考慮し，保護の対象とすべきとする考え方が維持されていると評価することができよう。

　また，前記の進学率の統計資料によれば，平成30年時点で，18歳で高等教育機関に進学する者は81.5％に達しており，未成年から成年にかけての高等教育が普通教育の延長として捉えられてきている現状があり，成年年齢引下げの前後で，このような状況に大きな変化がみられず，社会情勢をみても，一般的に，18歳となった時点で子が経済的に自立しているという実情にはなく，一般的，社会的に18歳となった時点で子に経済的自立を期待すべき実情にもないから，養育費の終期を成年年齢の引下げと連動させて一律に18歳とすべき事情は認め難い[85]。

3　各論点に対する検討及び結論

以上を前提として，各論点について検討する。

　行の前後を問わず，検討されるべき問題である。この点に関し，松本・婚姻費用・養育費の算定7頁は，「子に稼働能力がない場合でも，ある程度の年齢以上は，扶養の問題として処理するのが妥当な場合もあろう」としており，婚姻費用の算定に関して同旨の裁判例もある（大阪家審平26・7・18判時2268号101頁）。

[85]　山下純司「成年年齢引下げの民法学上の意義」（法律のひろば2018年10月号，39頁）は，近時の社会情勢について，現代社会のあり方として，高校，大学を卒業したら皆が一斉に就職して働き始めるものであり，20歳にもなって働かない若者は本人の自助努力が足りないのだという論調で，若者の生き方を一律に評価することは難しくなっているといわざるを得ないとして，成年年齢の意義を，成年年齢引下げを機に再考すべきであり，成年年齢を「自立すべき年齢」ではなく，「自立してもよい年齢」と理解すべきであり，それを前提とした制度運用をするべきであるとしている。

(1) 既に養育費の支払義務の終期として「成年」に達する日（又はその日の属する月）までなどと定められた協議書，家事調停調書及び和解調書等における「成年」の意義（①）

この問題は，協議，家事調停及び和解等に係る合意当時の当事者の意思解釈の問題と解される。このような協議，家事調停及び和解等において，合意当時，成年年齢は20歳であったのであるから，合意した当事者の意思は，通常，満20歳に達する日（又はその日の属する月）までとの趣旨であったと解される上，当事者は，予測される子の監護の状況，子に受けさせたい教育の内容，子が経済的に自立すると予測される時期，両親の学歴，両親の経済状況等の個別事情を考慮して，どれだけの期間養育費を支払う必要があるかを定めたと考えられる。そして，成年年齢が18歳に引き下げられたとしても，当事者が養育費の支払期間を合意する前提として考慮した監護の状況や教育内容等が変わるわけではなく，その後に成年年齢が変動したことを理由として養育費を支払う期間を短縮することは，一般に，当事者の意思に合致しないと考えられる。

そうすると，既に「成年」に達する日（又はその日の属する月）までなどと定められた協議書，家事調停調書及び和解調書等における「成年」の意義は，改正法の成立又は施行後においても，満20歳に達する日（又はその日の属する月）までと解するのが相当である。

(2) 当事者間の協議，家事調停，和解，家事審判及び離婚判決において，既に20歳に達する日（又はその日の属する月）までなどと定められた養育費の終期が，改正法の成立又は施行によって，養育費審判における変更事由に該当するとして，変更されるべきか（②）

この点についても，前記(1)で述べたとおり，当事者が個別事情を考慮して養育費の終期について合意した取決めが，成年年齢の変動によって直ちに短縮することは，合意当時の当事者の意思に合致しないと考えられるし，改正法が未成熟子の養育費を現状どおり保護することを前提としており，未成年から成年にかけての高等教育が，普通教育の延長として捉えられている現状があり，成年年齢引下げの前後で，このような状

況に大きな変化がみられず，社会情勢をみても，養育費の終期を成年年齢と連動して 18 歳とすべき事情も認められない。

そうすると，改正法の成立又は施行自体は，養育費審判における養育費の終期を満 20 歳に達する日（又はその日の属する月）までから満 18 歳に達する日（又はその日の属する月）までに変更すべき事由にはならないと解することが相当である[86][87]。

(3) 改正法の成立又は施行後，養育費の支払義務の終期をどのように判断すべきか（③）

ア　監護親の成年年齢に達した未成熟子の養育費等の支払請求の可否

この問題（③）の理論的前提として，監護親が成年年齢に達した未成熟子の養育費等についても支払を請求できるかが問題となる。

(ア)　従来の学説及び裁判例

家事審判，離婚判決，家事調停，和解及び当事者間の協議においては，養育費の支払義務の終期を子が満 20 歳に達する日（又はその日の属する月）までとする例が多くみられ，その理由として，判断の時点で未成熟子が高等教育機関に進学するか，高校を出て直ちに就職するかなどは未確定であること（理由1）のほか，養育費等は子の監護に関する処分に関するものであるところ，そこでいう「子」は，未成年者が想定されていると考えるべきこと（理由2），成年年齢である 20 歳に達して以降は，民法上の行為能力に制約がなくなることから，子が単独で親に対する扶養料を請求することができること（理由3）などが挙げられていた[88]。他方，特に留保なく，

---

[86]　改正法の成立又は施行によって，既に発生した養育費請求権のうち，18 歳に達した日の翌日以降分が当然に消滅するかについても，既に述べた理由等からして，消滅しないことが明らかである。

[87]　なお，この論点についても，厳密に考えれば，監護親が成年した未成熟子の養育費を請求できるかが問題となるとも考えられる。その点については，後記(3)において述べる。

[88]　岡・実務大系② 306 頁，大阪高決昭 57・5・14 家月 35 巻 10 号 62 頁は，子が成年に到達した場合には母の親権が終了するものである以上，右の子の監護に関する処分としての養育費の分担を請求しうるのは，子が成年に達するま

成年年齢に達した未成熟子について養育費の請求を認める見解[89]・裁判例[90]や民法766条の類推適用を認め，高等教育機関に進学後も監護親からの養育費等の請求を認めるべきとする見解があった[91]。

(イ)　本研究における基本的な考え方及び結論

a　請求時に子が成年年齢に達していない場合

養育費等の性質は子の監護に関する処分であって，そこでいう子は，未成年の子を意味すると解することもできるところ，この考えを徹底すると，子が成年年齢に達した以後の子の監護に要する費用は，請求の時点でその子が未成熟子であるか否かを問わず，監護親が非監護親に請求できる養育費等の対象とはならないとの見解につながるのであり，改正法の成立又は施行前はそのような見解や裁判例が有力であった。

しかし，改正法の成立又は施行前の学説・裁判例においても，子が未成年である時点で，子が未成熟子である期間分は，監護親において成年年齢に達した以降の部分の監護費用についても，請求できるとの見解もあったこと，実質的にも監護親が未成熟子を監護しているのであれば，子が成年年齢に達する前と異なるところはなく，子自身が成年年齢に達した後の分については改めて審判を申し立てる必要があるとするのは硬直的で，成年年齢に達した後の分も一括して解決するのが当事者の利益に資し，未成熟子の利益に資するものであること，前記2(3)で述べたとおり，改正法は未成熟子の保護を現状から後退させる趣旨のものではなく，

での分に限られるものであることはいうまでもないとしており，理由2ないし理由3を根拠とするものと思われる。

[89]　菱山泰男＝太田寅彦「婚姻費用の算定を巡る実務上の諸問題」（判タ1208号24頁）26頁

[90]　東京高決平29・11・9判時2364号40頁及びその原審であるさいたま家川越支部審平29・8・18同号43頁。家族法実務講義197頁は，養育費の終期を大学卒業予定の22歳3月までとすることが可能か，大学生を未成熟子といえるか，子が成人し法定代理人ではなくなった監護親が養育費を請求できるかにつき，裁判例は分かれており，調停実務もまちまちであるとしている。

[91]　岡・実務大系②306頁

むしろ，現状どおりその保護をすることを前提として立法がされ
たものであることに加え，従前裁判例において監護親からの成年
年齢に達した子の養育費等の請求に消極的であった実質的根拠
は，当該子が20歳を超えて以降も未成熟子であり続けるかの予
測が困難であったことも大きかったと解されることを総合する
と，民法766条1項の適用とするか，類推適用とするかはさてお
き，少なくとも，子が未成年である時点で，子が未成熟子である
期間分は，監護親において成年年齢に達した以降の部分の監護費
用の請求はできるとの見解を採用することが相当である[92]。

 b 請求時に子が成年年齢に達している場合

  前記aで述べた趣旨を徹底すると，請求時に子が成年年齢に達
した段階であっても，監護親は，子が未成熟子である限り，民法
766条1項の適用又は類推適用によって，成年年齢に達した子の
監護費用を養育費等として請求できると解すべきことになる[93]。
この見解によれば，人事訴訟事件においても，成年年齢に達した
未成熟子がいる場合には，親権者を指定することはなくとも，附
帯処分において養育費の支払について定めるべきことになる。

  また，監護親と非監護親の間で既に子の養育費等についての取
り決めがあったとしても，子からの扶養料の請求は許されると解
されるところ[94]，監護親が成年年齢に達した子の監護費用を養育

---

[92] 民法766条1項の「子の監護」の対象となる「子」は未成年の子をいうと解
釈されることを重視し，同項の適用まではできないとの考えを採るとしても，
前記2⑴（本報告書52頁）において述べた成年年齢引下げの理由と改正法の国
会審議の状況（特に，参議院法務委員会における附帯決議並びに法務大臣及び
立法担当者の国会での説明）並びに前記2⑵（本報告書53頁）で述べた近年の
進学率の状況に鑑みると，少なくとも，改正法下において，同項の類推適用さ
えされないとの見解は採り得ないと考える。

[93] もっとも，民法766条1項の類推適用によるとの見解を前提とすると，どの
ような場合に類推するかについて，前記aの場合については類推するが，bの
場合については類推しないとの見解も論理的には成り立ち得るのかもしれない。

[94] 石井健吾「未成熟子の養育費請求の方法について」（ジュリスト302号58頁）
63頁，判例先例親族法111頁，東京家審昭54・11・8家月32巻6号60頁参
照

費等として請求できるとの見解を採用すると，監護親からの養育費等の請求と成年年齢に達した子からの扶養料請求との関係が問題となる[95]。

イ　改正法の成立又は施行後における養育費の支払義務の終期

上記ア(イ)における検討結果を前提とすると，改正法の成立又は施行後の養育費の支払義務の終期は，それぞれの事案における，諸般の事情，例えば，子の年齢，進路に対する意向及び能力，予測される子の監護の状況，両親が子に受けさせたい教育の内容，両親の経済状況，両親の学歴等の個別事情等に基づく，将来のどの時点を当該子が自立すべき時期とするかの認定，判断によって決すべきこととなる。

そうすると，例えば，子が大学に進学することを希望しており，かつ，その能力もあると認められるなど，子の大学進学の可能性が高いと認められる場合であって，両親の学歴，経済状況及び子に対する従前の対応等により，非監護親に大学卒業までの生活費を負担すべき事情があると認定，判断されたときは，子が一般的に大学を卒業する時と推認できる満22歳となった以降の最初の3月までを，養育費の支払義務の終期と判断すべきこととなる。

なお，子が幼い事案など，子が経済的自立を図るべき時期を具体的に特定して認定すべき事情がない事案について，養育費の支払義務の終期をどのように認定，判断すべきかであるかが問題となる。ここで，これまでの家裁の裁判実務において，多くが満20歳に達する日（又はその日の属する月）までと判断されており，家事調停や和解におい

---

[95]　松本・婚姻費用・養育費の算定13頁は，婚姻費用・養育費分担請求と子の扶養請求とは，権利主体が異なるから，別個のものであるが，内容は，子の生活に要する費用という点で重なるものであり，しかも，親の直系卑属である未成熟子に対する扶養義務も，婚姻費用・養育費分担義務と同様に生活保持義務と考えられているので，内容は実質的に同じであり，両立しないとして，これらの申立てが並立した場合，申立間に優先関係を認めることができないから，内容の判断において処理するほかないと思われ，いずれかを先に判断し，他方はこれを前提に判断することになろうが，実務的には，子が大学に進学して下宿している等の事情で，実質的に家計が分離しているときは，その子の扶養請求を事実上優先することになるだろうとしている。

てもそのような合意が多くされていたことは既に述べたとおりである。その背景には，その判断当時において，別異に解すべき事情が認定できないときには，満20歳に達する日（又はその日の属する月）までについては，子が未成熟子である，即ち，現に経済的に自立していないだけでなく，一般的，社会的にみて子がその自立を期待されていないと考えられてきたことがあると解される。そして，そのような社会的実態について，改正法の成立の前後で特段の相違が認められるわけでもないことも既に述べたとおりである。

　そこで，改正法の成立又は施行後において，子の経済的に自立する時期や一般的，社会的にみて子がその自立を期待されている時期をどのように認定，判断すべきかを検討すると，前記2で検討したとおりの改正法と養育費等との関係からすれば，今後社会情勢等が変化しない限り，子が幼い事案など，子が経済的自立を図るべき時期を異なる時点と特定して認定，判断すべき事情が認められない事案においては，未成熟子である期間について，改正法の成立又は施行前と異なる認定，判断をする必要はなく，従前のとおり，満20歳に達する日（又はその日の属する月）までとされることになると考える。

　また，家事調停及び和解において，当事者が，他の条件などと総合勘案する，又は，子のためにあえて手厚い保護をするなどの意図から，裁判の見通しにとらわれず，主体的・合理的に，養育費の支払義務の終期を合意するときには，その意思によるべきであるが，当事者において，調停委員会や裁判所による家事審判又は離婚判決の見通しに基づいた合意を希望する場合には，前記の家事審判や離婚判決の見通しに則した調整がされるべきである。

　なお，養育費の問題に関連して，将来の紛争を回避し，子に十分な扶養を保障するといった法的安定性の観点からは，養育費等に係る合意の条項については，「成年に達する日まで」又は「大学を卒業する月まで」などの表現ではなく，「満20歳に達する日（又はその日の属する月）まで」又は「満22歳に達した後初めて到来する3月まで」

などと具体的に明示すべきである[96]。

(4) 婚姻費用についての影響（④）

　婚姻費用の支払義務の終期については，実務上「別居解消又は離婚」とされるから，養育費における，終期を成年とした場合の意義の問題（①）や支払義務の終期をどのようにすべきかとの問題（③）は生じない。

　問題となるのは，まず，養育費における②の論点に関連して，子が成年年齢である18歳に達したことが，婚姻費用の変更事由に該当するかである。この点については，前記(2)で述べたと同様の理由で，変更事由には該当せず，子が経済的に自立するなどの理由で未成熟子を脱したときにはじめて，それが変更事由に該当すると解するべきである。

　次に，③の論点と関連して，監護親が非監護親に対し，婚姻費用を請求するに際して，成年年齢に達した未成熟子の生活費分も加算して請求できるかであるが，前記(3)アで述べたと同様に，監護親は，少なくとも子が未成熟子の間は，成年年齢に達した後の期間についても，その子の生活費分を加算して請求することが可能であると解すべきである。

---

[96]　家族法実務講義197頁参照

第6　結びにかえて

　本研究は，前記第1の2で述べたとおり，標準算定方式・算定表の簡易迅速性，予測可能性及び公平性に加え，法的安定性といった利点を損なわない範囲で，必要な検証を行い，合理的で，より一層社会実態を反映したものとなるよう対応をし，併せて，成年年齢の引下げが及ぼす影響について検討したものである。この研究が，養育費等の算定において，家裁実務等に定着することを期待する。

　改定標準算定方式・算定表は，標準算定方式・算定表の提案以前から支持されていた収入按分方式という基本的な枠組みを維持しつつ，簡易迅速性，予測可能性及び公平性の観点や，未成熟子に継続して安定した養育費を供給するといった法的安定性の観点から，権利者及び義務者の収入並びに同人ら及び子の生活実態等の具体的な実情を合理的に反映し，基礎収入や生活費指数の点の部分を抽象化した標準算定方式・算定表の意義を活かしながら，その算定方法の詳細の一部を改良し，公租公課等や統計資料を更新したものであって，標準算定方式・算定表の延長上にあるものである。

　本研究は，家裁実務において裁判官が家事審判や人事訴訟の附帯処分として養育費等を合理的な裁量によって算定するに際しての算定方法に関する研究であるから，本研究において改定標準算定方式・算定表が発表されたこと自体は，当事者の収入，身分関係及び社会情勢等の客観的事情の変化[97]とは性質が異なり，養育費等の額を変更すべき事情変更には該当しないと考える[98]。

---

[97]　合意又は審判等で定まった養育費等が，民法880条の類推適用などを根拠として，事情変更によって，取消し・変更され得ることについて，通説及び裁判例において争いがない。その要件については，一般的に，①合意等の前提となっていた客観的事情が変更したこと，②事情の変更が当事者の予見した又は予見し得るものでないこと，③事情変更が当事者の責めに帰することのできない事情により生じたこと，④合意等どおりの履行を強制することが著しく公平に反する場合であることを要するとされている（松田亨「婚姻関係事件における財産的給付と事情変更の原則」（家月43巻12号1頁），中山・判例先例親族法295頁）。

[98]　なお，標準算定方式・算定表が前提とした統計資料や制度等の変更は，標準

もっとも，当事者の収入，身分関係及び社会情勢等の客観的事情の変更があり，それが既に定めた養育費等を変更すべきものに該当する場合には，養育費等を定めた審判等は取り消され，変更され得る。その場合に，かつての審判等が標準算定方式・算定表を用いた内容で定められたものであれば，新たな養育費等の額を定めるに際し，本研究が提案する改定標準算定方式・算定表を用いることが期待される。

算定方式・算定表と一体のものといえるから，それと独立して客観的事情の変更の問題は生じないようにも思われる。仮に，それを事情変更の問題と捉えるとしても，算定当時，標準算定方式・算定表が前提とした統計資料や制度等がある程度変更していることを想定しつつも，合理的な裁量によって標準算定方式・算定表を採用したものである以上，その合意等どおりの履行を強制することが著しく公平に反する場合には当たらないのではないか。

別　紙

改定標準算定表（令和元年版）

（表1）養育費・子1人表（子0～14歳）

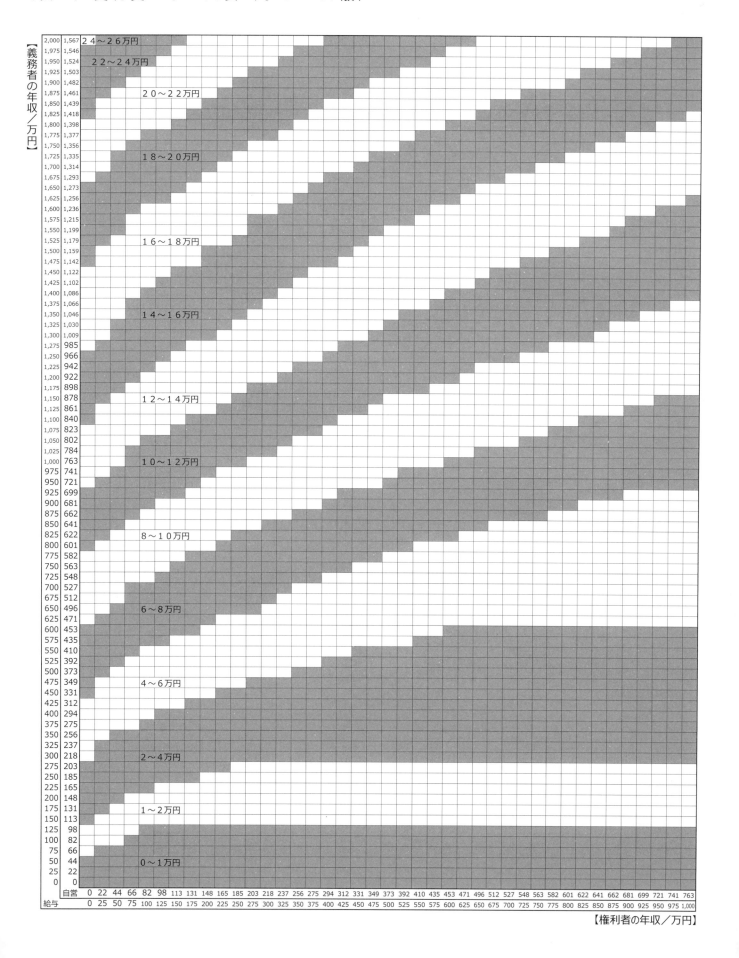

（表２）養育費・子１人表（子15歳以上）

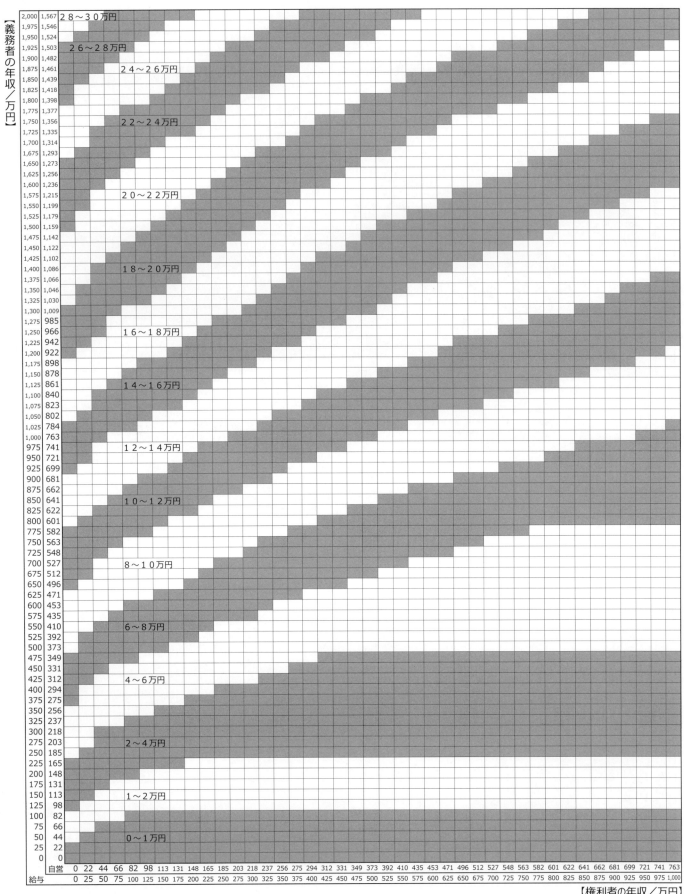

（表３）養育費・子２人表（第１子及び第２子０〜14歳）

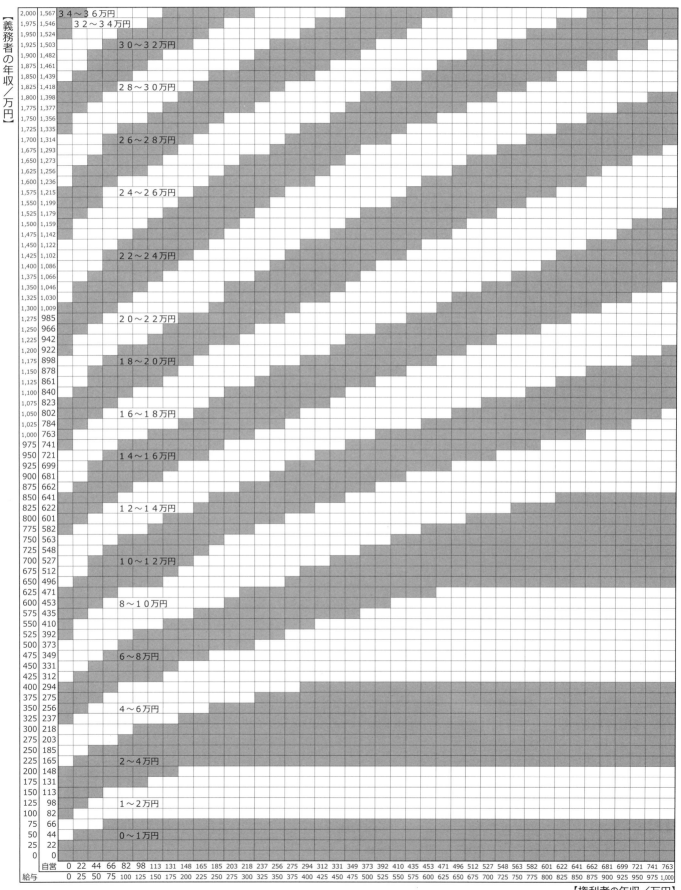

（表４）養育費・子２人表（第１子15歳以上，第２子０〜14歳）

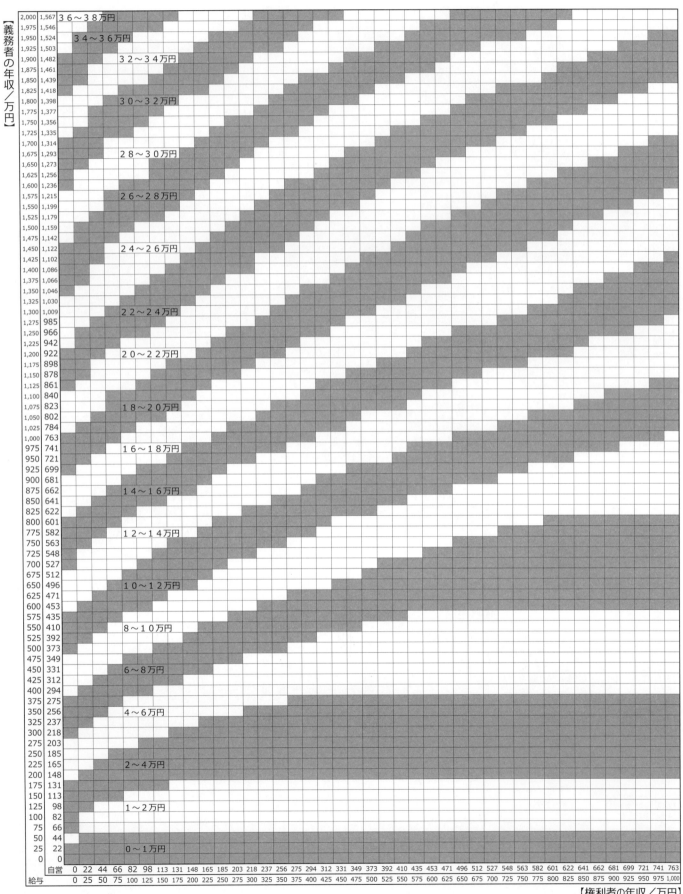

(表5) 養育費・子2人表（第1子及び第2子15歳以上）

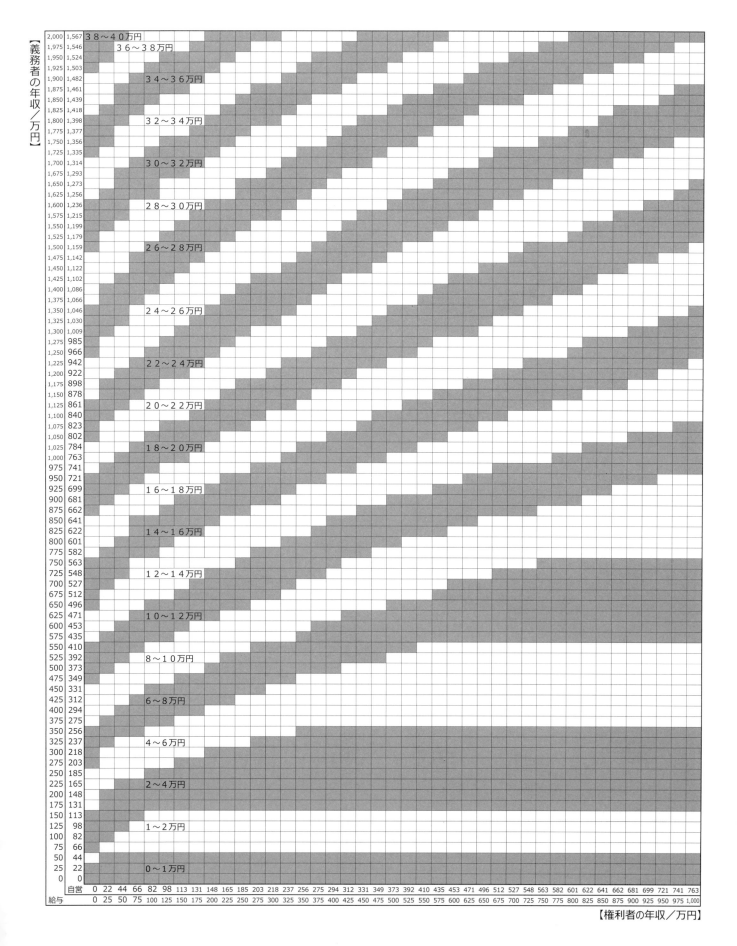

（表６）養育費・子３人表（第１子，第２子及び第３子０〜14歳）

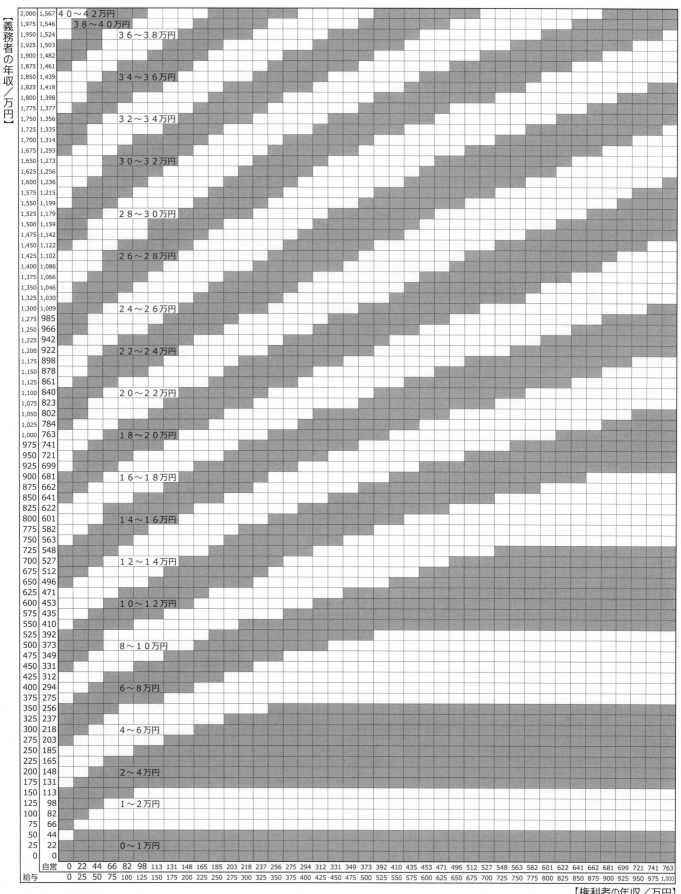

(表7) 養育費・子3人表（第1子15歳以上，第2子及び第3子0～14歳）

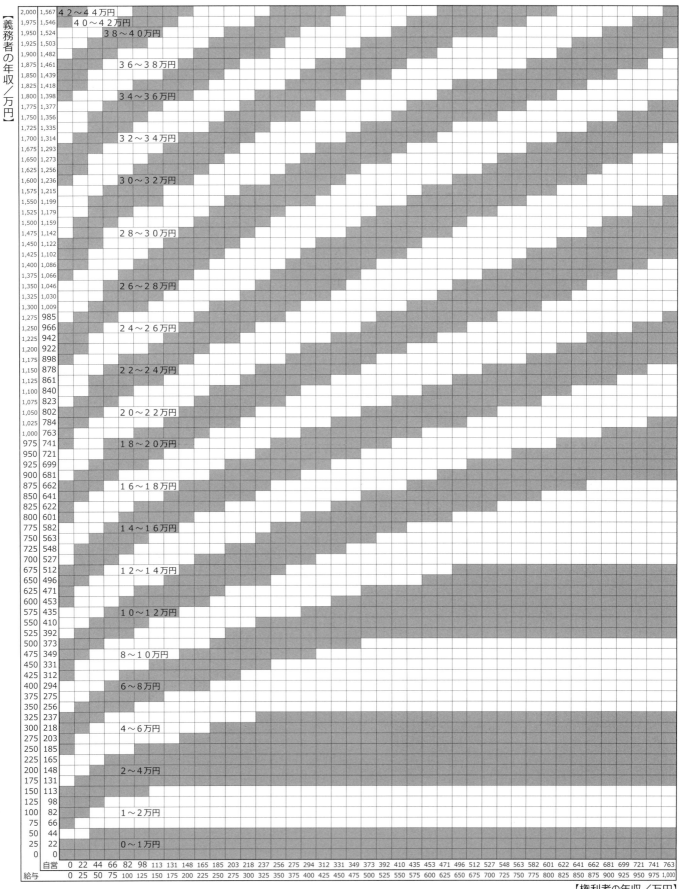

(表8) 養育費・子3人表（第1子及び第2子15歳以上，第3子0～14歳）

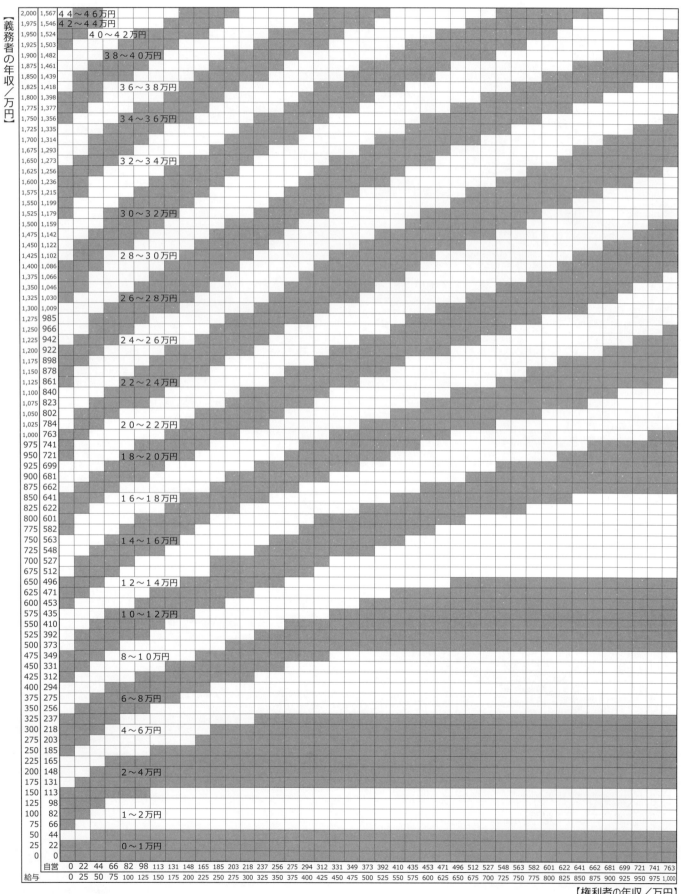

(表９) 養育費・子３人表（第１子，第２子及び第３子 15 歳以上）

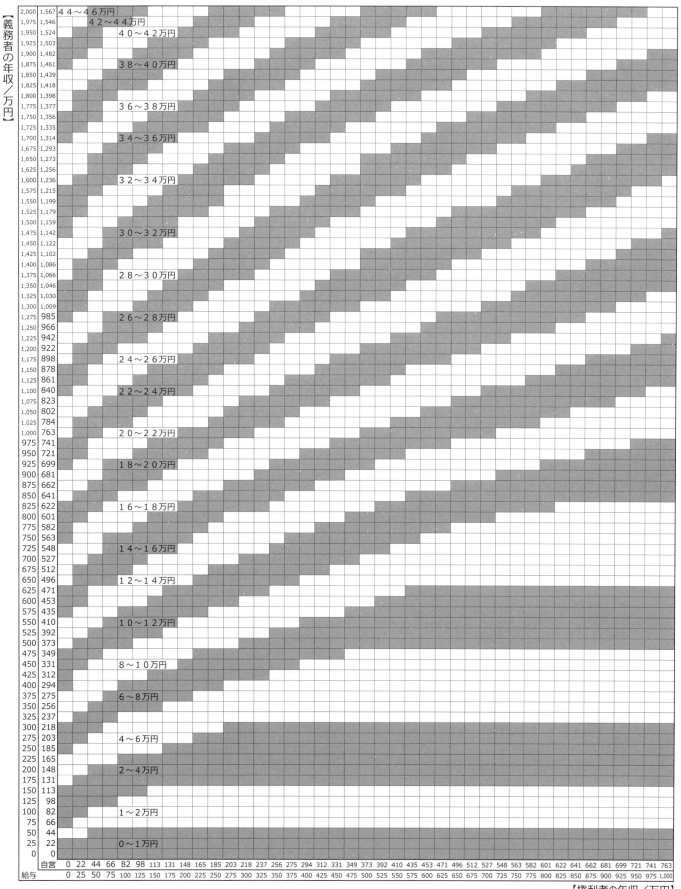

(表10) 婚姻費用・夫婦のみの表

(表11) 婚姻費用・子1人表 (子0〜14歳)

（表12）婚姻費用・子1人表（子15歳以上）

（表13）婚姻費用・子2人表（第1子及び第2子0～14歳）

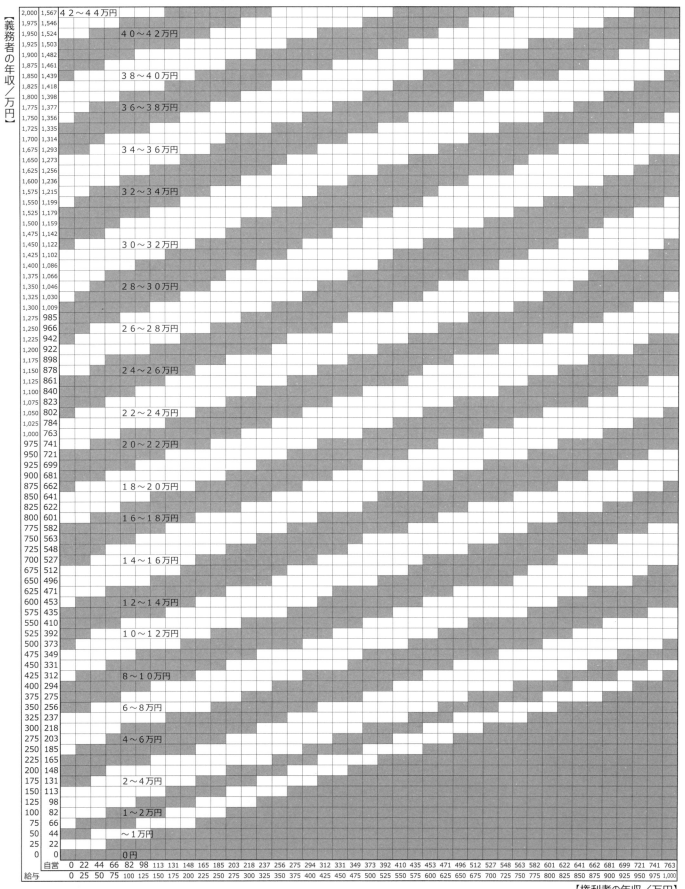

(表14) 婚姻費用・子2人表（第1子15歳以上，第2子0～14歳）

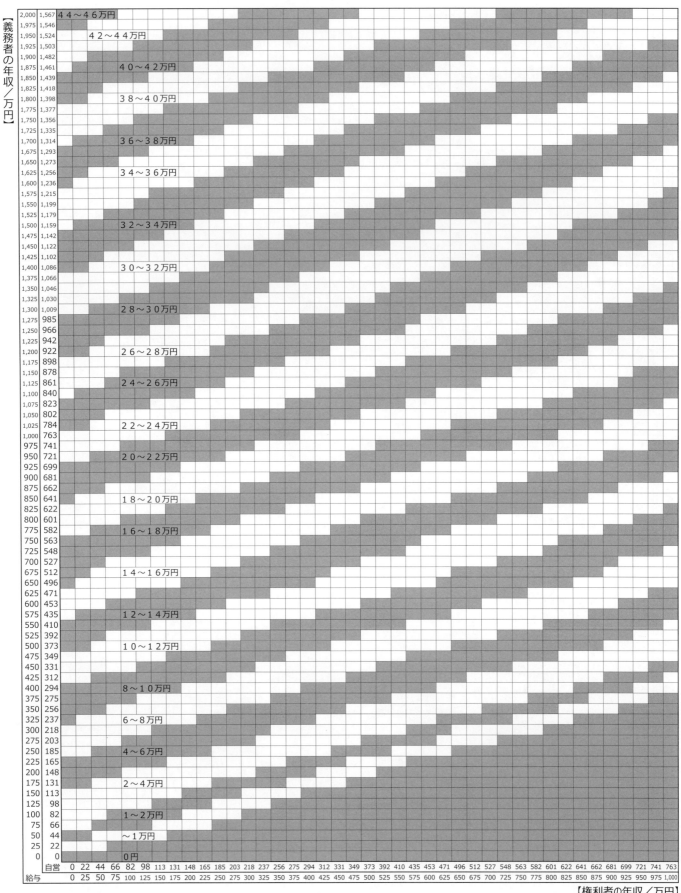

（表15）婚姻費用・子2人表（第1子及び第2子15歳以上）

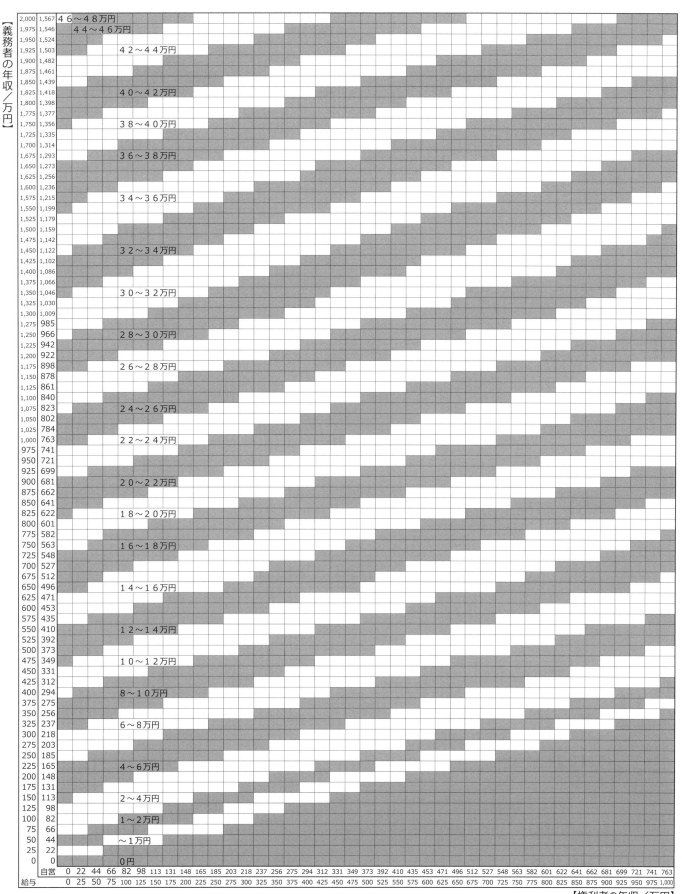

（表16） 婚姻費用・子3人表（第1子，第2子及び第3子0～14歳）

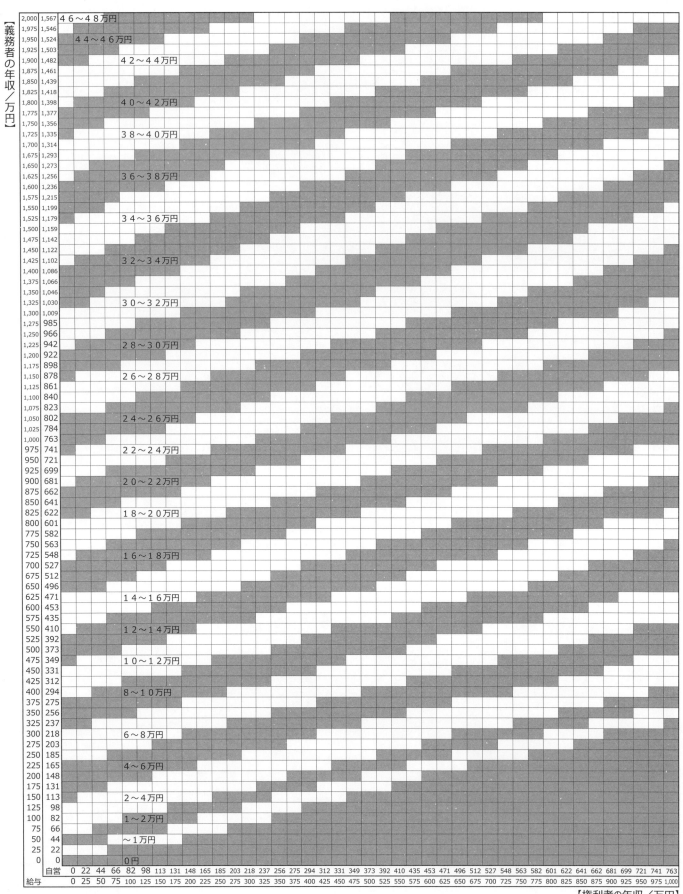

(表17) 婚姻費用・子3人表（第1子15歳以上，第2子及び第3子0〜14歳）

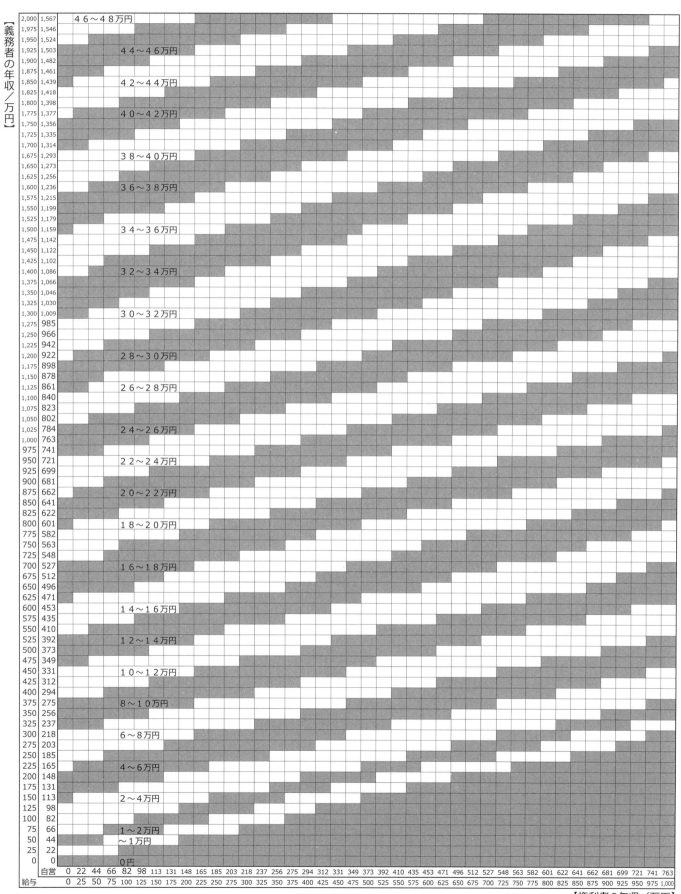

(表18) 婚姻費用・子3人表（第1子及び第2子15歳以上，第3子0～14歳）

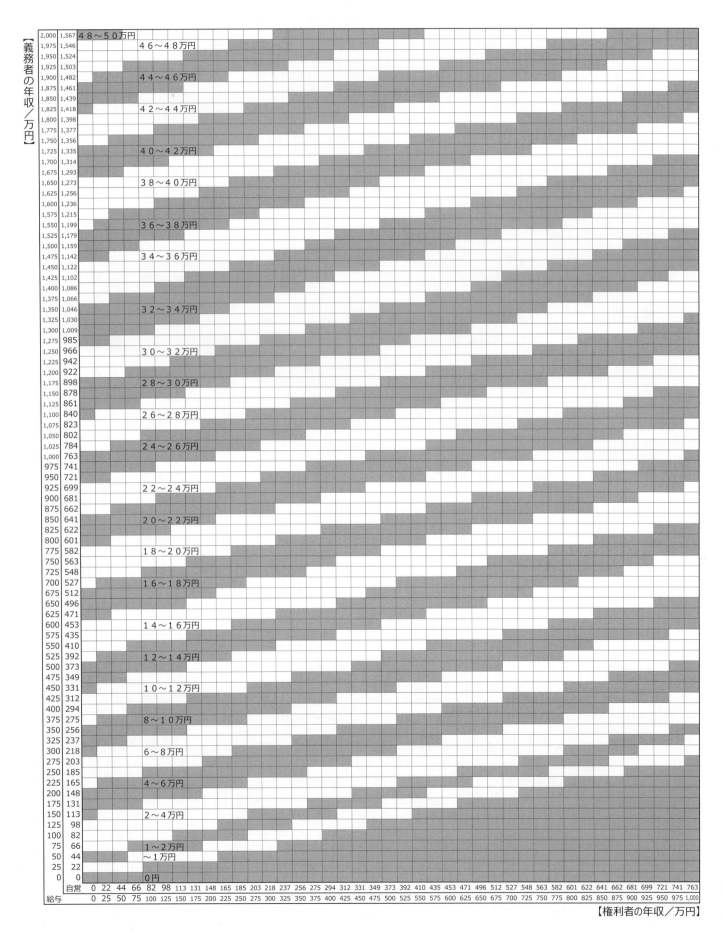

(表19) 婚姻費用・子3人表（第1子，第2子及び第3子15歳以上）

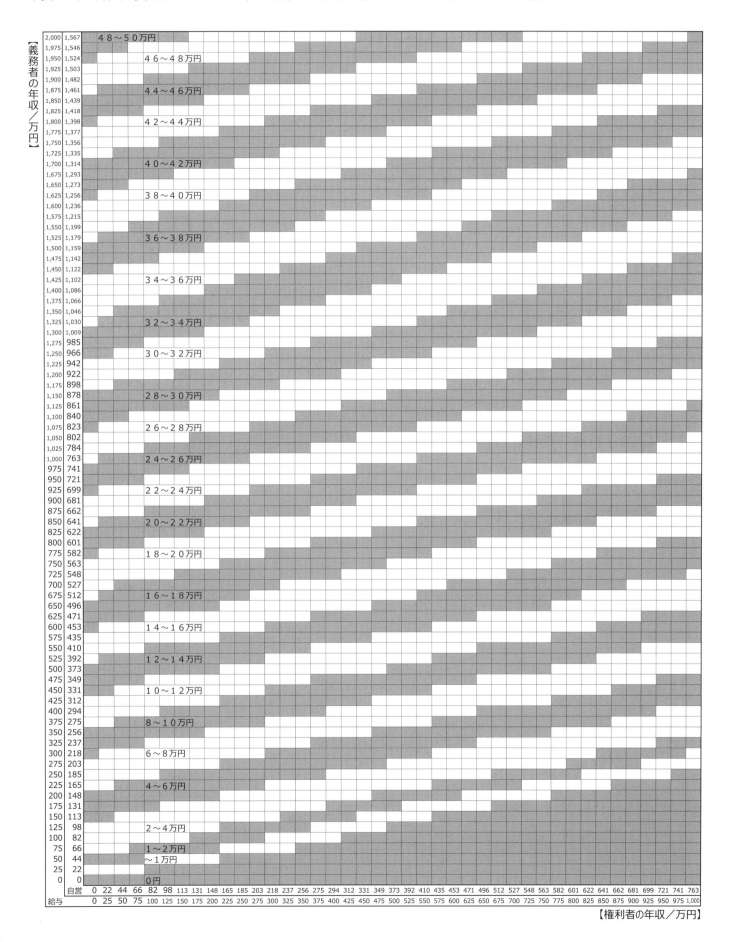

平成30年度司法研究題目及び司法研究員氏名

第70輯　第2号

養育費，婚姻費用の算定に関する実証的研究

研　究　員
東 京 家 庭 裁 判 所 判 事　　水 　野 　有 　子
同　　　　　　　　　　　　村 　松 　多香子
同　　　　　　　　　　　　綿 　引 　朋 　子
徳島地方家庭裁判所判事　　園 　部 　伸 　之
（委嘱時　大阪家庭裁判所判事）

養育費，婚姻費用の算定に関する実証的研究	書籍番号　31-19

令和元年12月23日　第 1 版第 1 刷発行
令和 4 年 2 月 1 日　第 1 版第 3 刷発行

編　集　司　法　研　修　所
発 行 人　門　田　友　昌

発 行 所　一般財団法人　法　曹　会
〒100-0013　東京都千代田区霞が関 1 - 1 - 1
振替口座　00120 - 0 - 15670
電　話　03 - 3581 - 2146
http://www.hosokai.or.jp/

落丁・乱丁はお取替えいたします。　　　　印刷製本／中和印刷㈱

ISBN 978-4-86684-031-4